Harmonie
Par Leen Margot

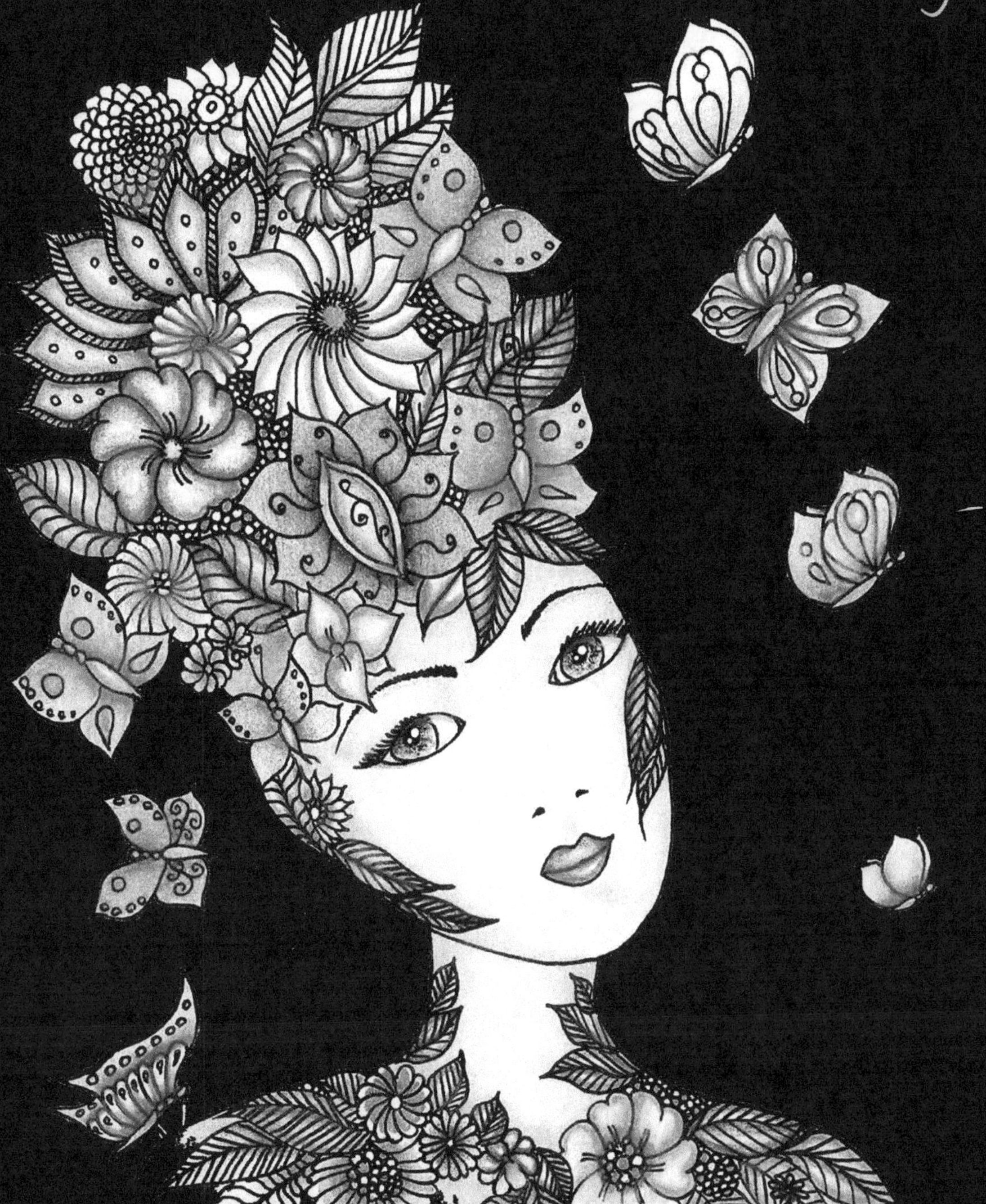

Présenté par
Global Doodle Gems

Colorié par
Laety Esperanza

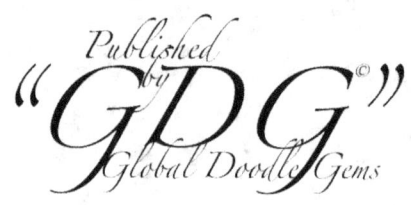

Partagez vos mises en couleur avec nous !
Nous adorons voir ce que vous faites et mieux vous connaître.
Retrouvez-nous sur les réseaux sociaux !

Nos tout derniers projets sont sur notre page FB officielle :
www.facebook.com/globaldoodlegems

Participez à notre communauté, partagez vos mises en couleur,
rencontrez les artistes, profitez de cadeaux exclusifs,
prenez part à nos ouvrages bénévoles et tant d'autres choses.

Suivez-nous sur Twitter : @Globaldoodlegem

Nous sommes aussi sur Instagram : @globaldoodlegems pour instagram

Et si les réseaux sociaux ne vous tentent pas plus que ça,
notre blog n'attend que vous : globaldoodlegems.wordpress.com

Copyright © 2015 Global Doodle Gems

Tous droits réservés Global Doodle Gems

La reproduction des pages est autorisée pour un usage personnel. Nous vous invitons à mettre les pages en couleur, les scanner puis les poster sur les réseaux sociaux en mentionnant le titre de l'ouvrage, le nom de l'auteur/artiste et Global Doodle Gems.

Toutes œuvres et images sont protégées par copyright. Toute reproduction, distribution ou transmission de l'ouvrage ou d'une partie de ce livre est interdite sans l'autorisation écrite expresse de l'artiste/éditeur Global Doodle Gems.

Toute l'équipe de Global Doodle Gems vous souhaite de bons moments tout en couleurs et se réjouit d'en voir le résultat en ligne.

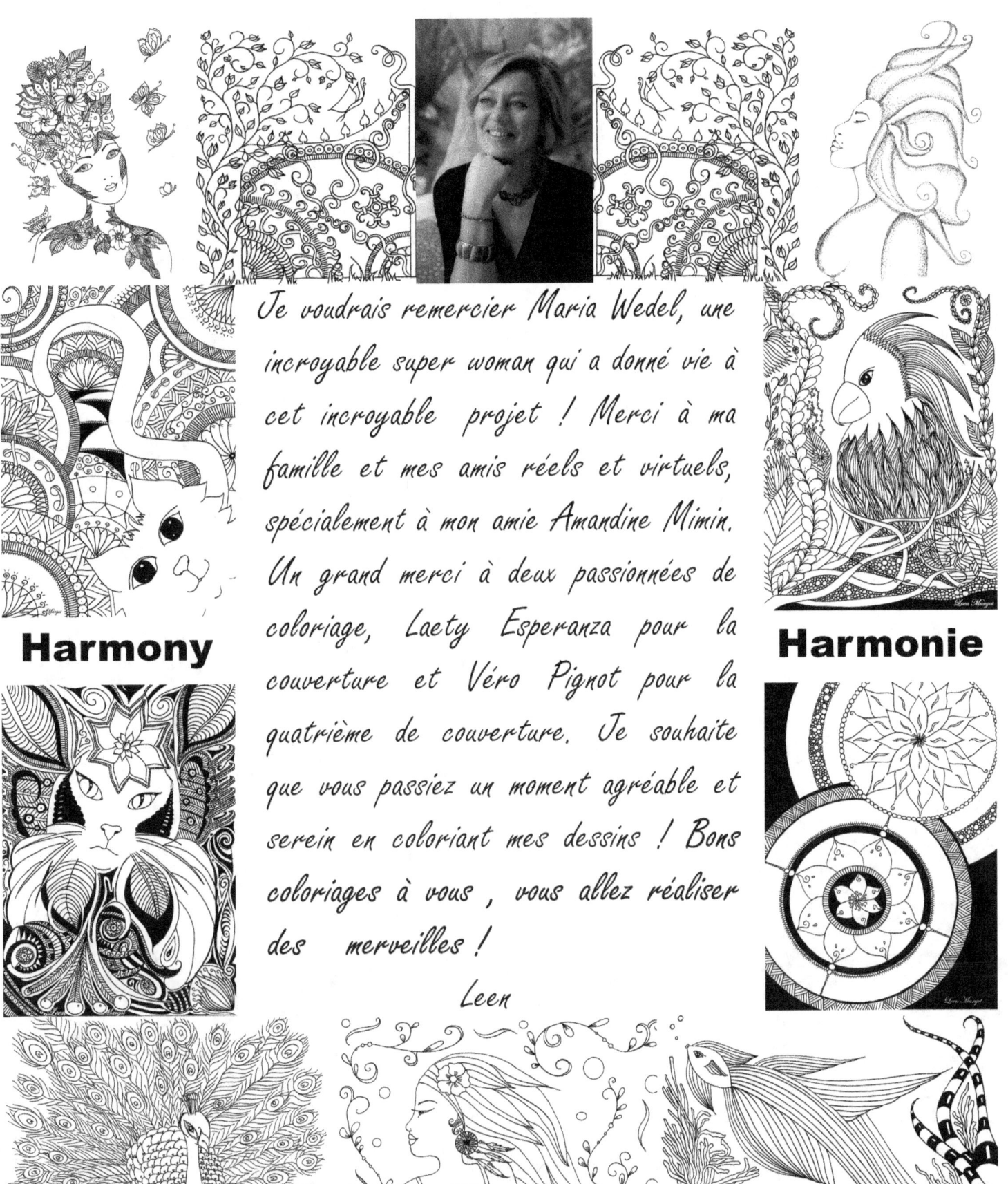

Harmony

Je voudrais remercier Maria Wedel, une incroyable super woman qui a donné vie à cet incroyable projet ! Merci à ma famille et mes amis réels et virtuels, spécialement à mon amie Amandine Mimin. Un grand merci à deux passionnées de coloriage, Laety Esperanza pour la couverture et Véro Pignot pour la quatrième de couverture. Je souhaite que vous passiez un moment agréable et serein en coloriant mes dessins ! Bons coloriages à vous, vous allez réaliser des merveilles !

Leen

Harmonie

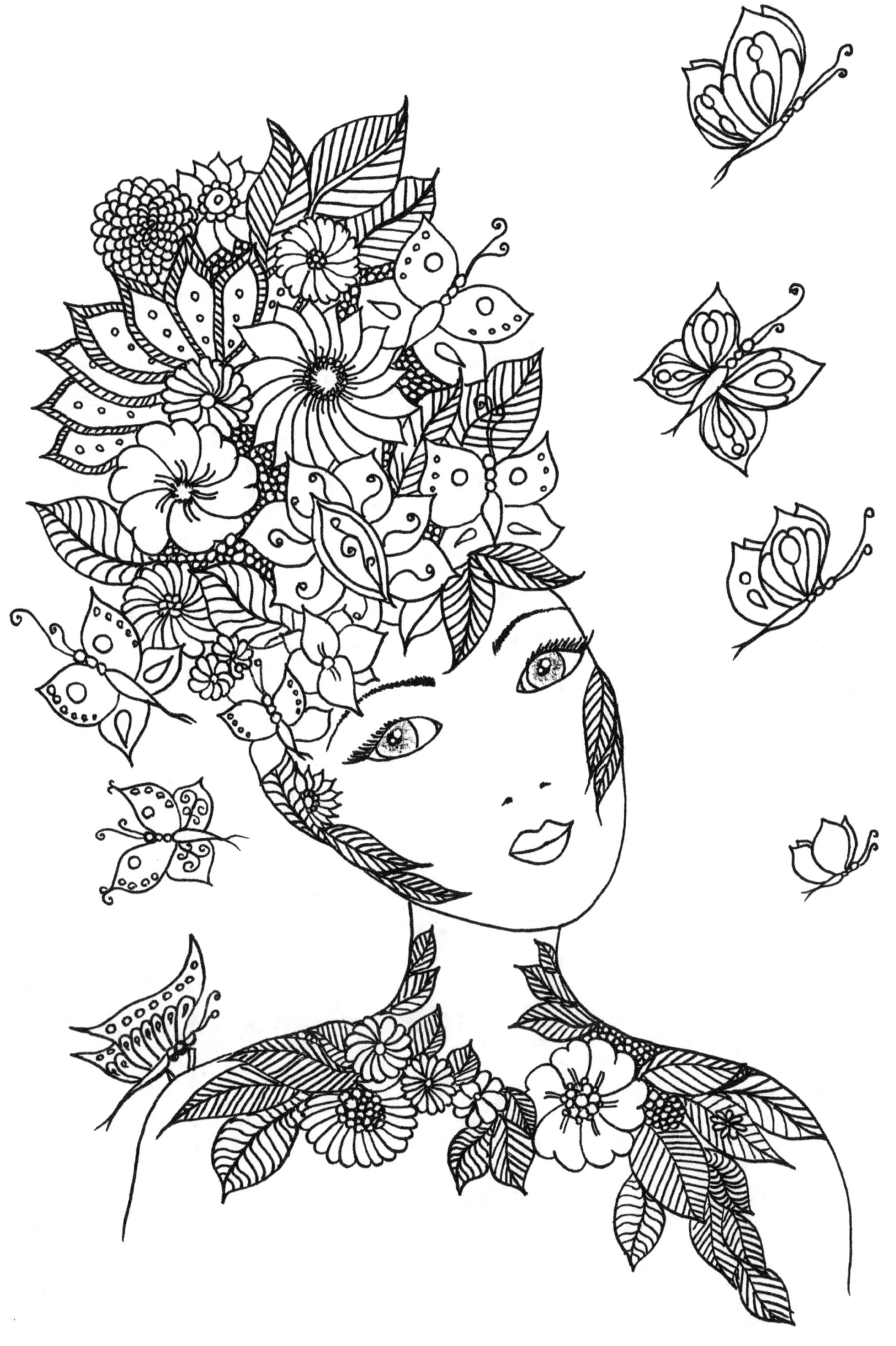

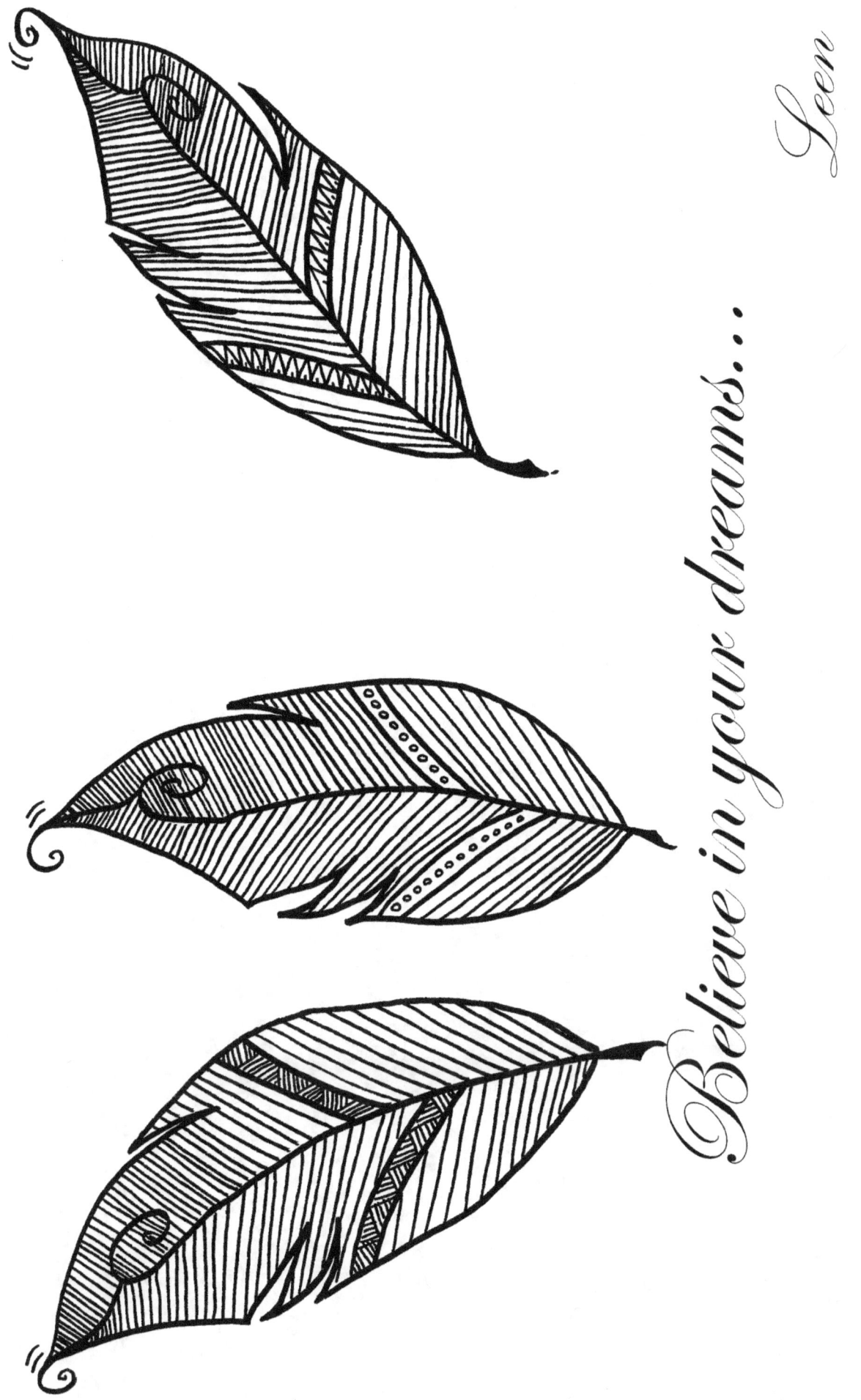

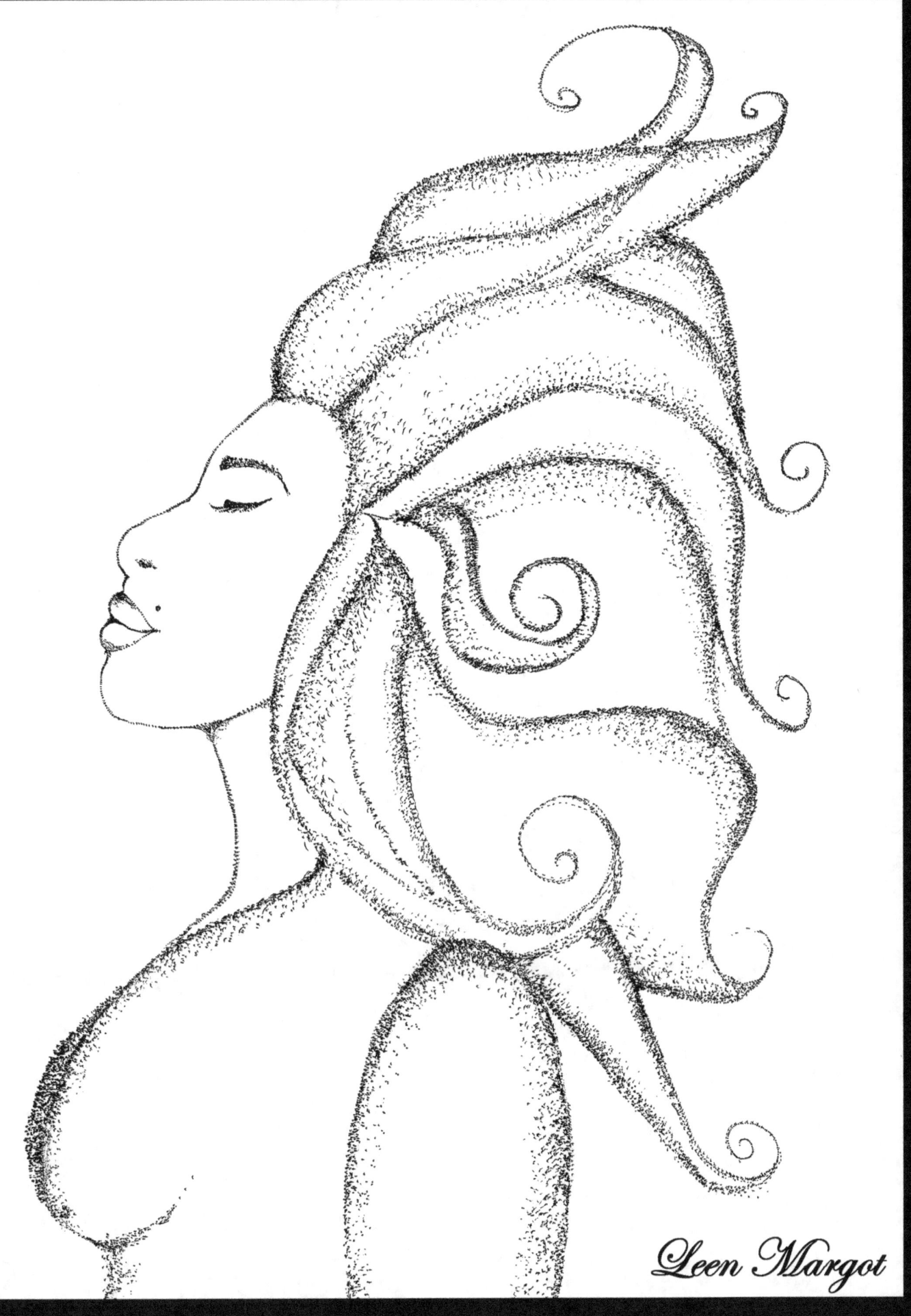

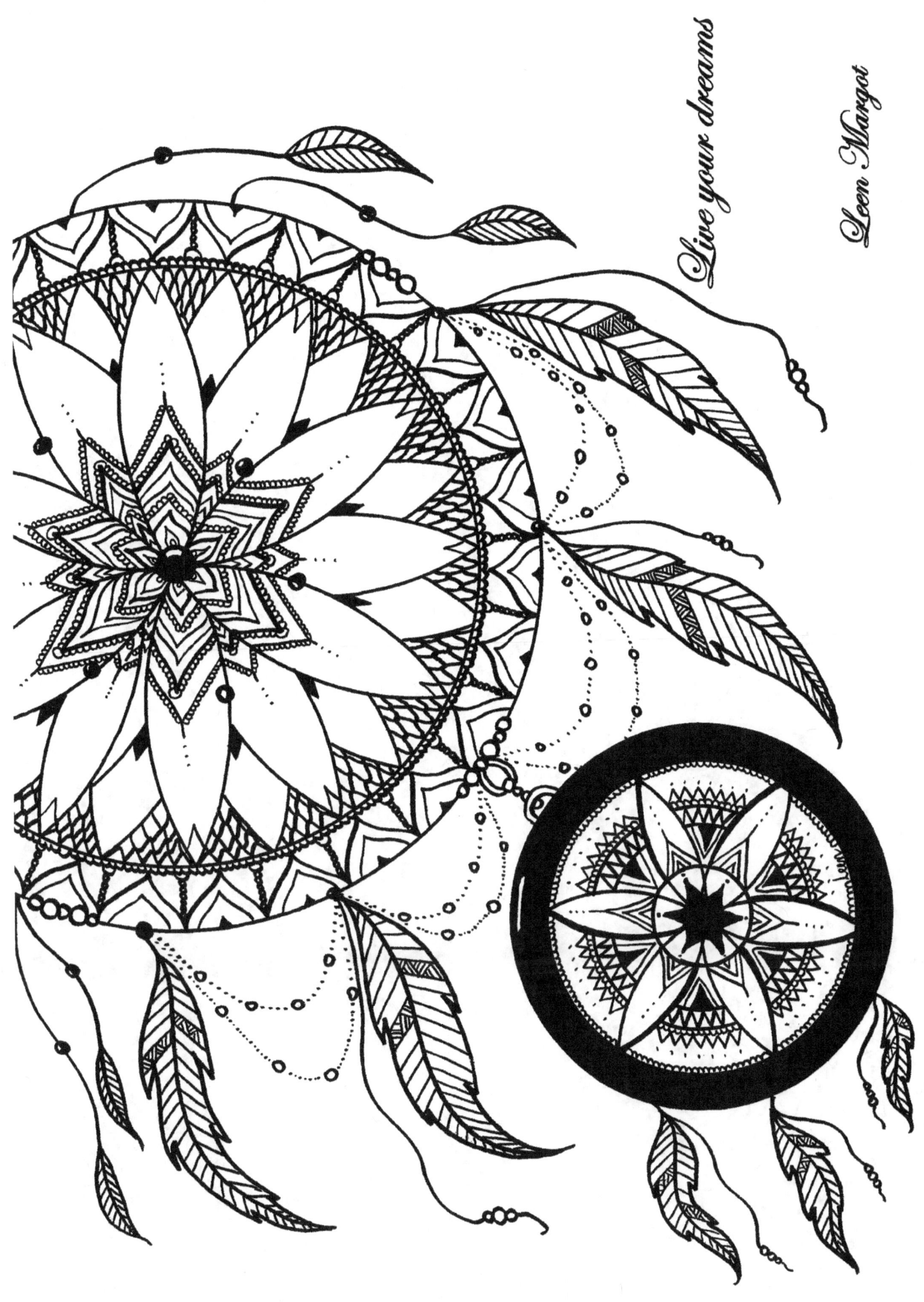

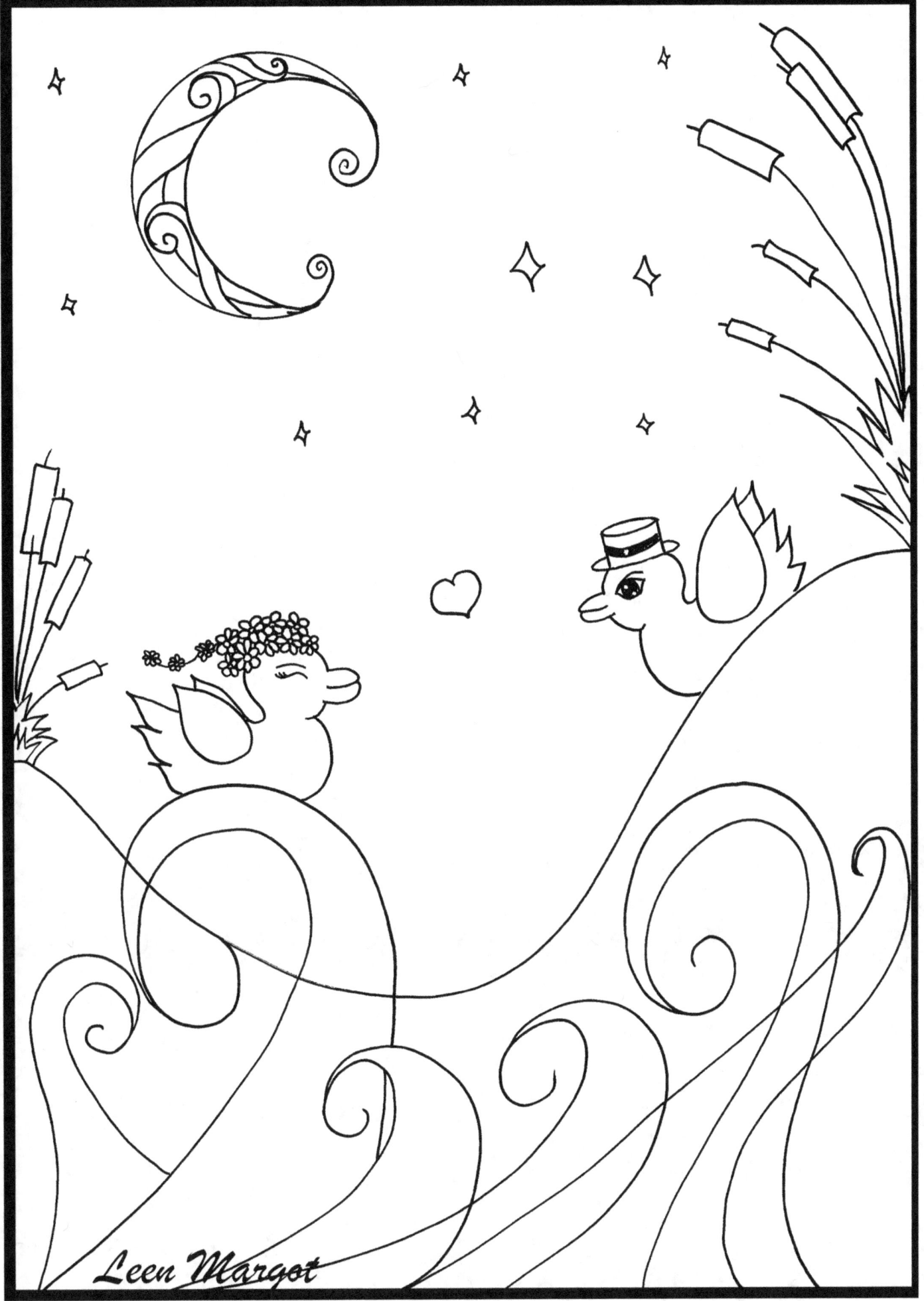

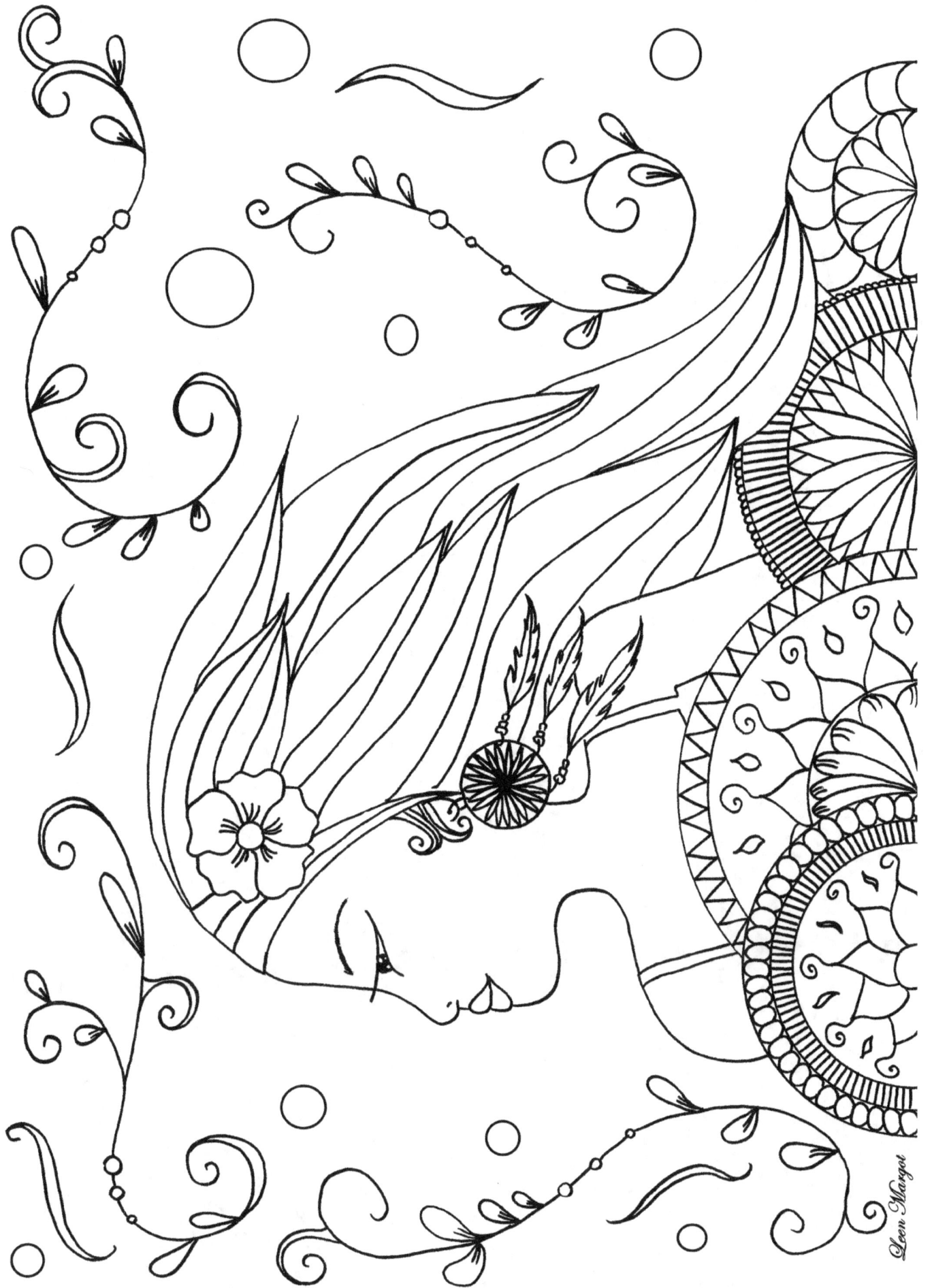

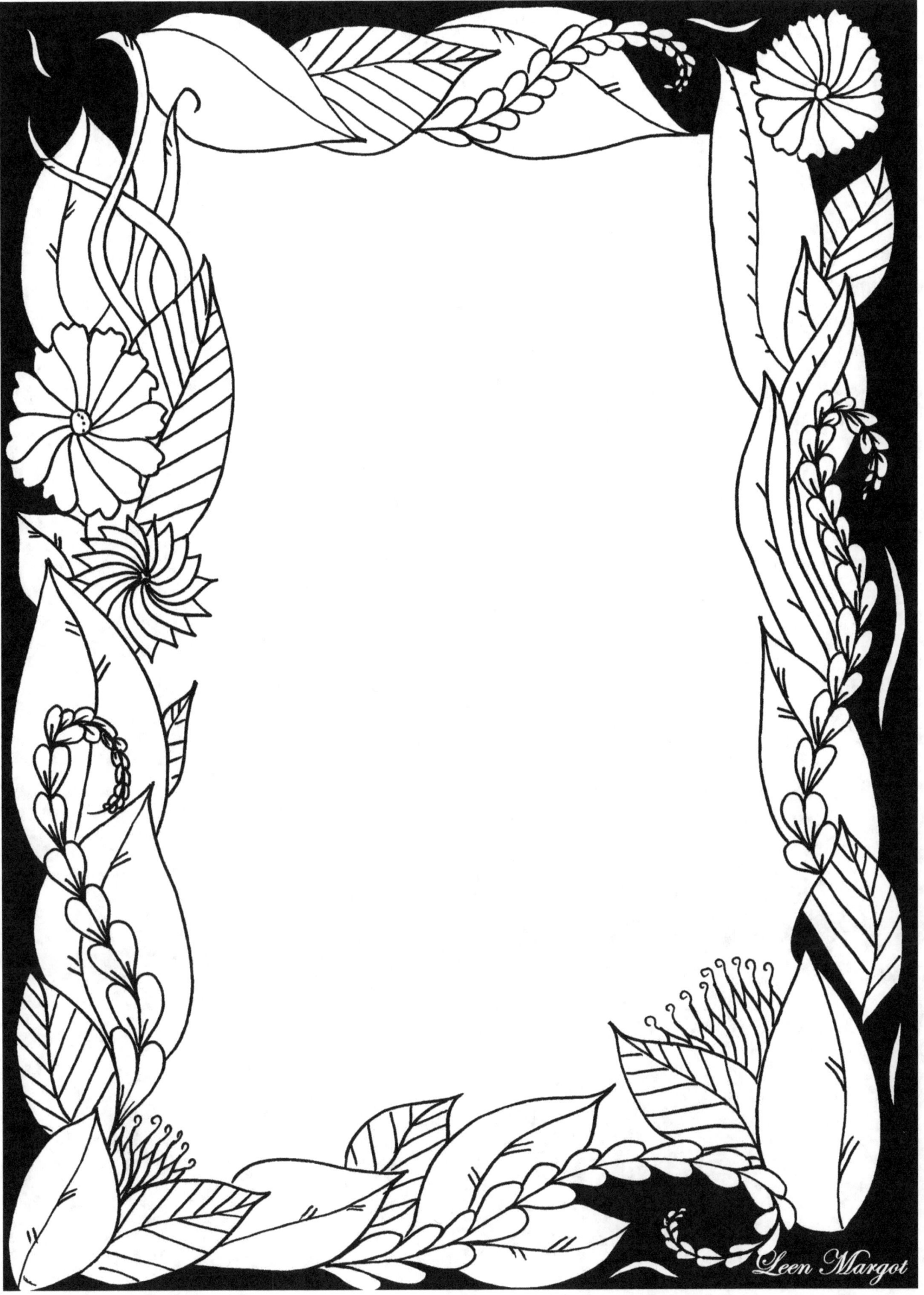

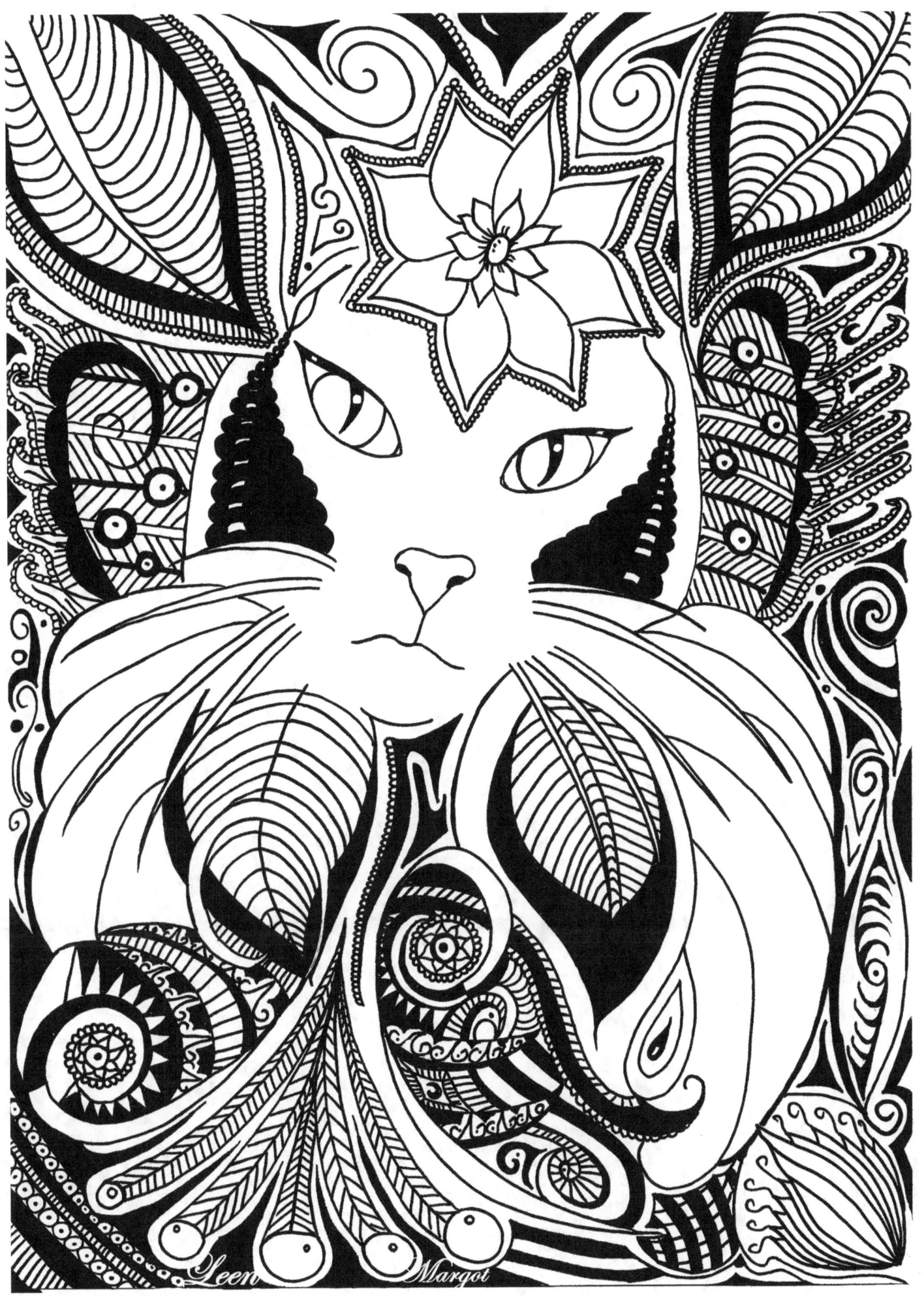

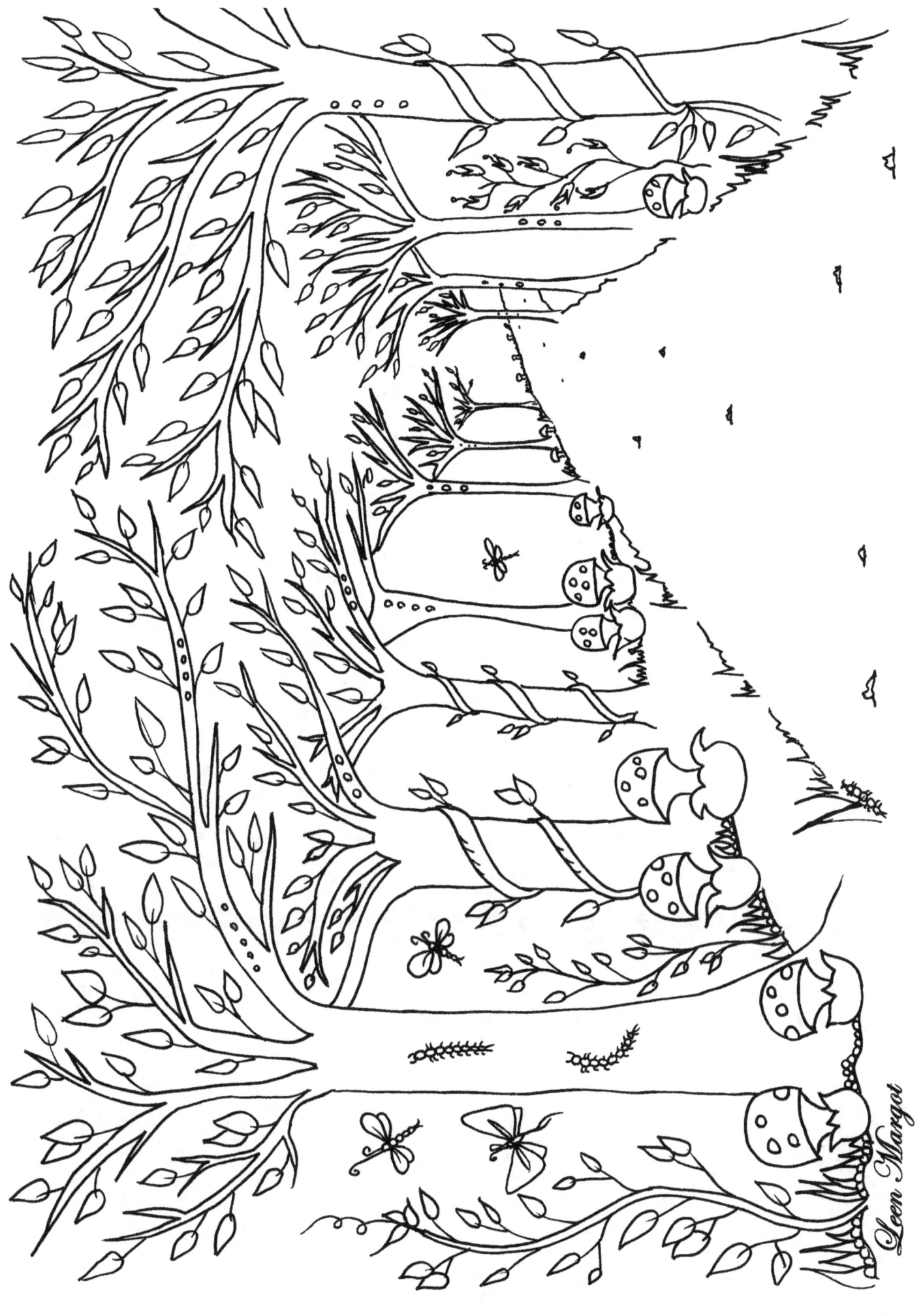

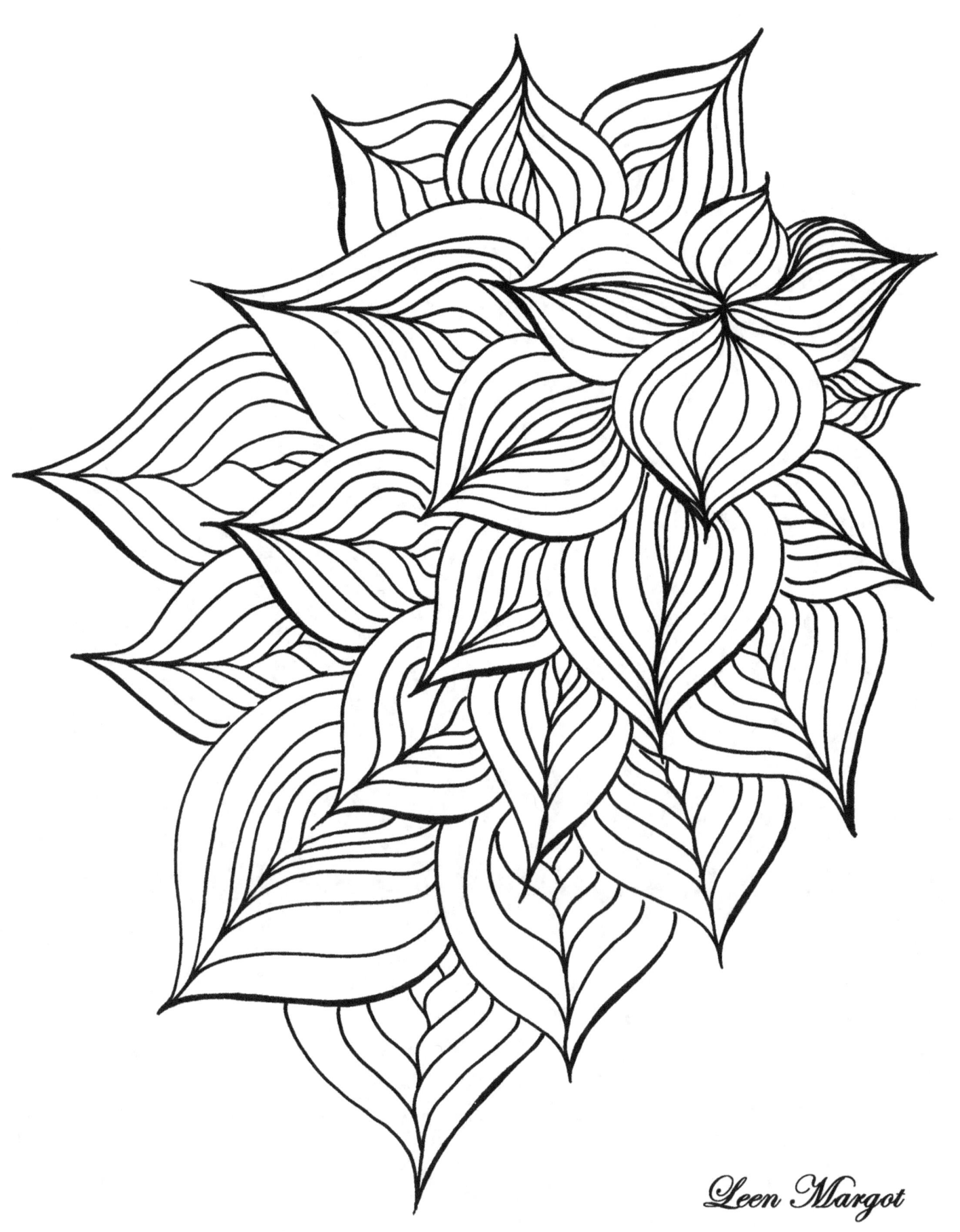

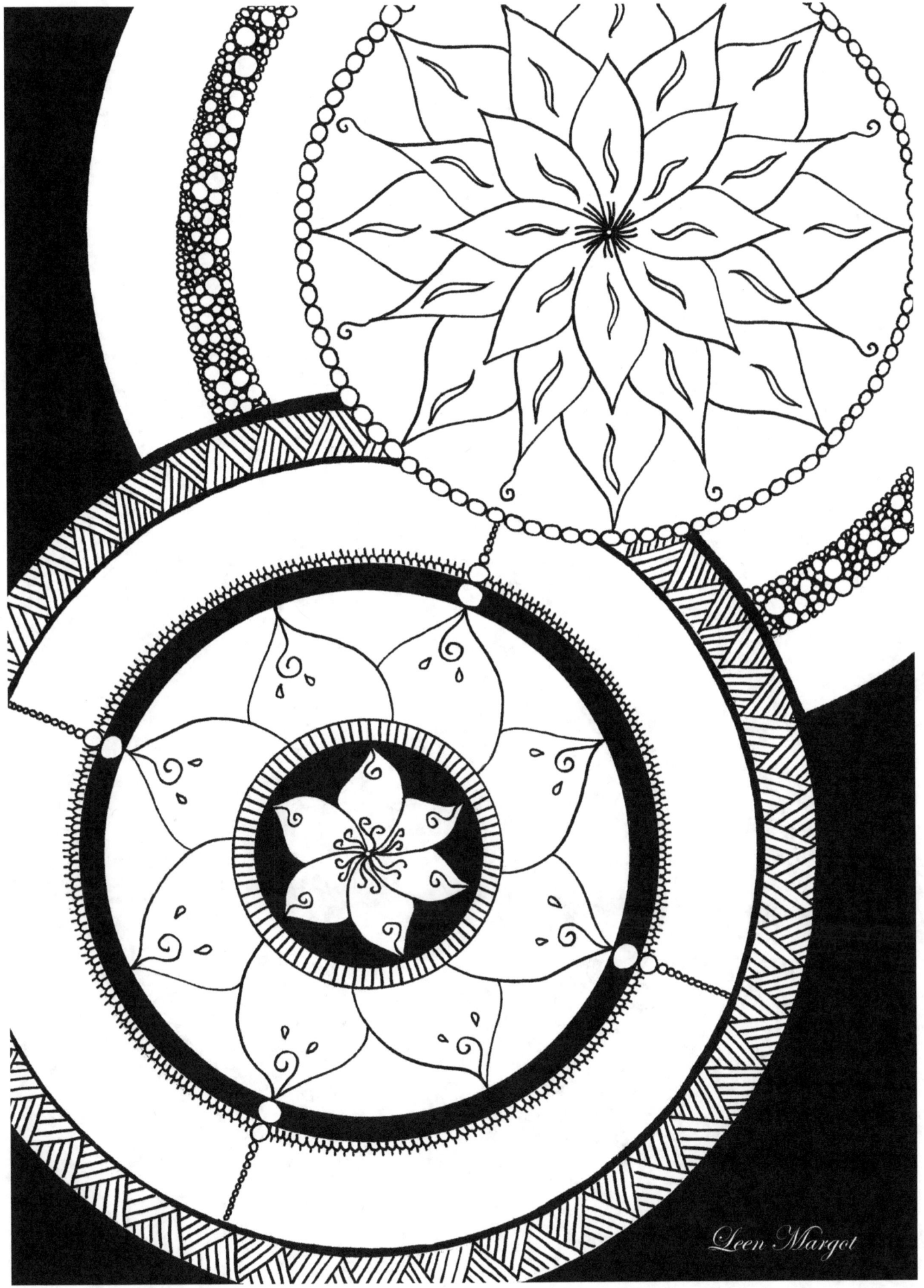

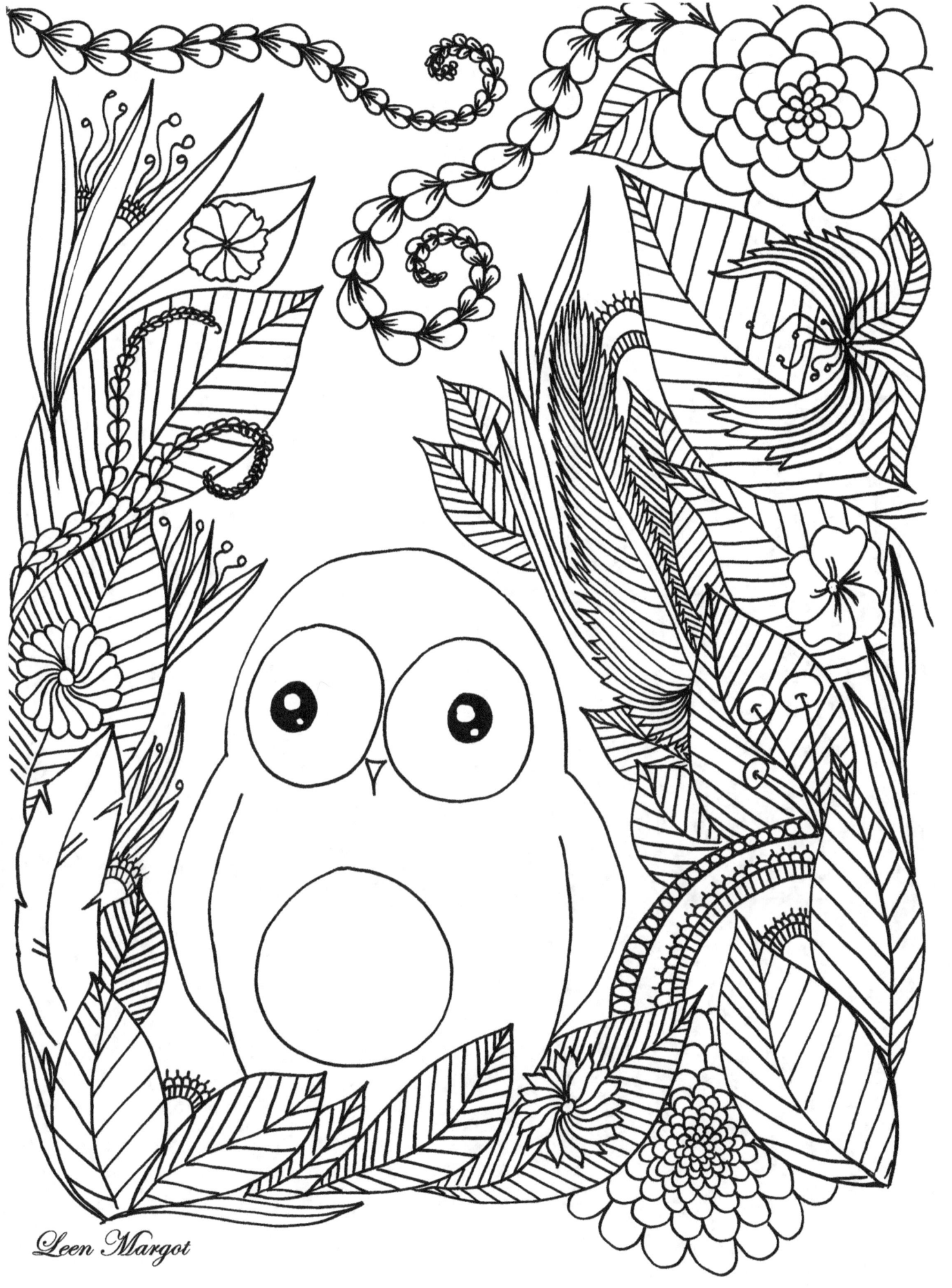

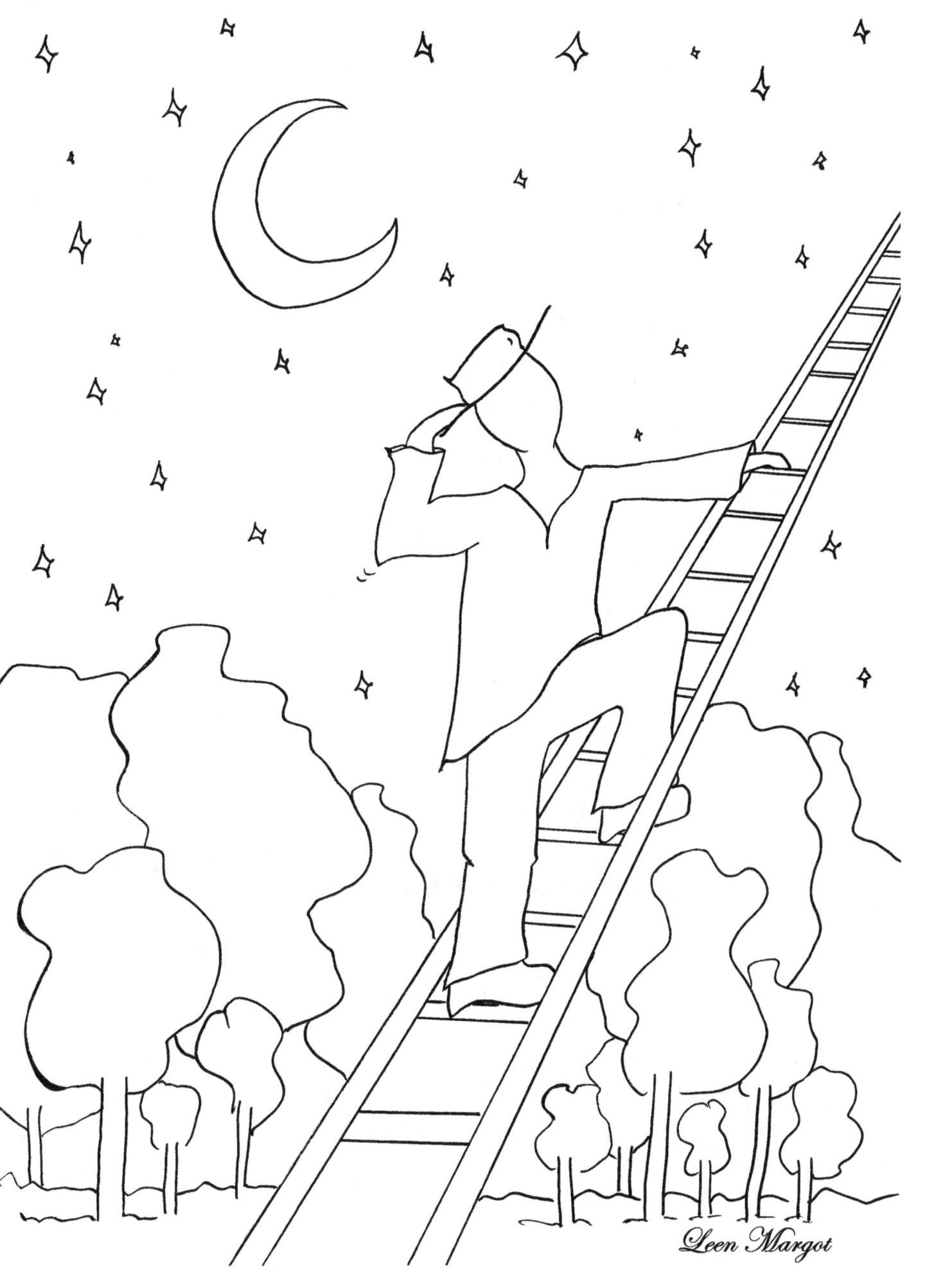

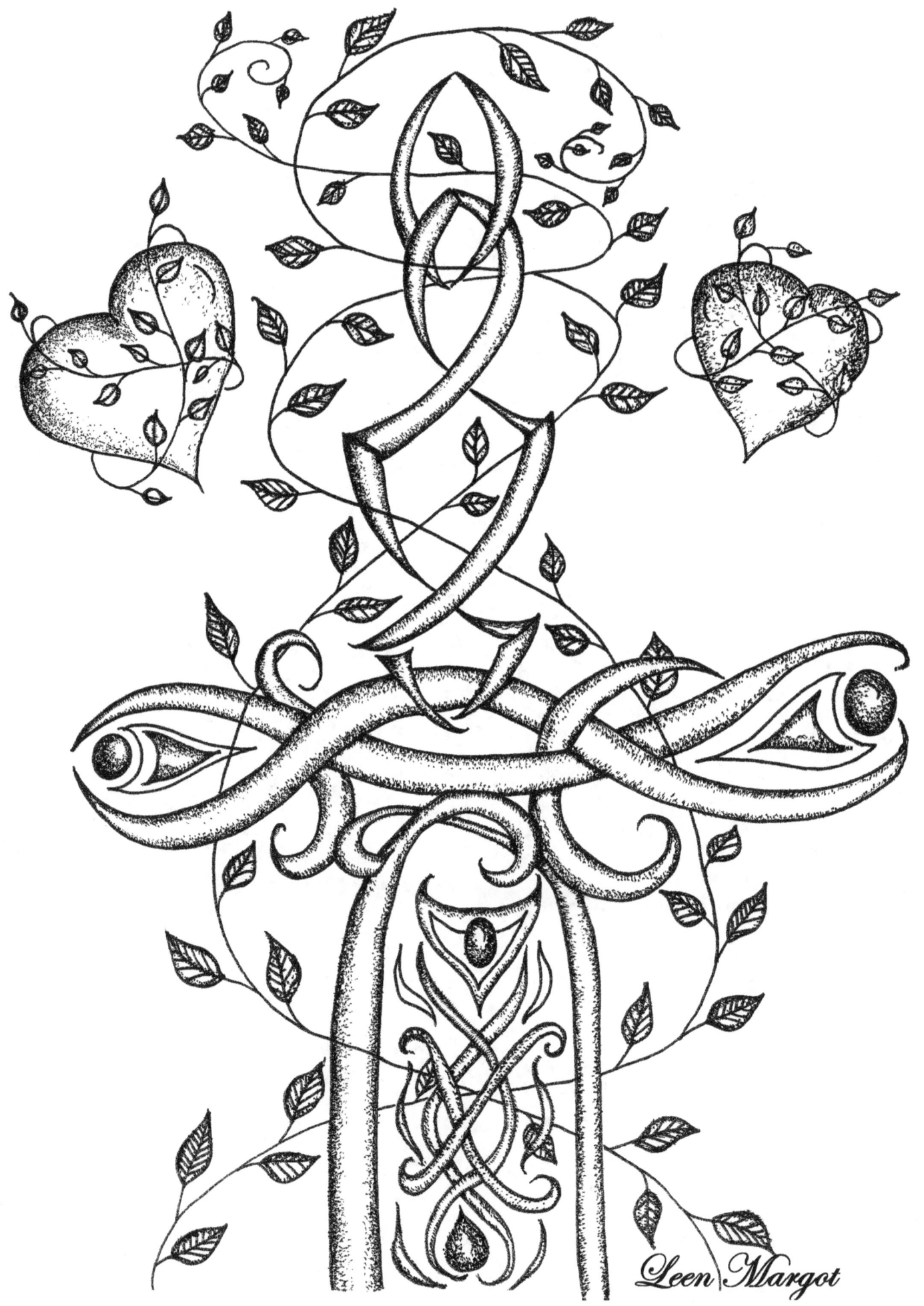

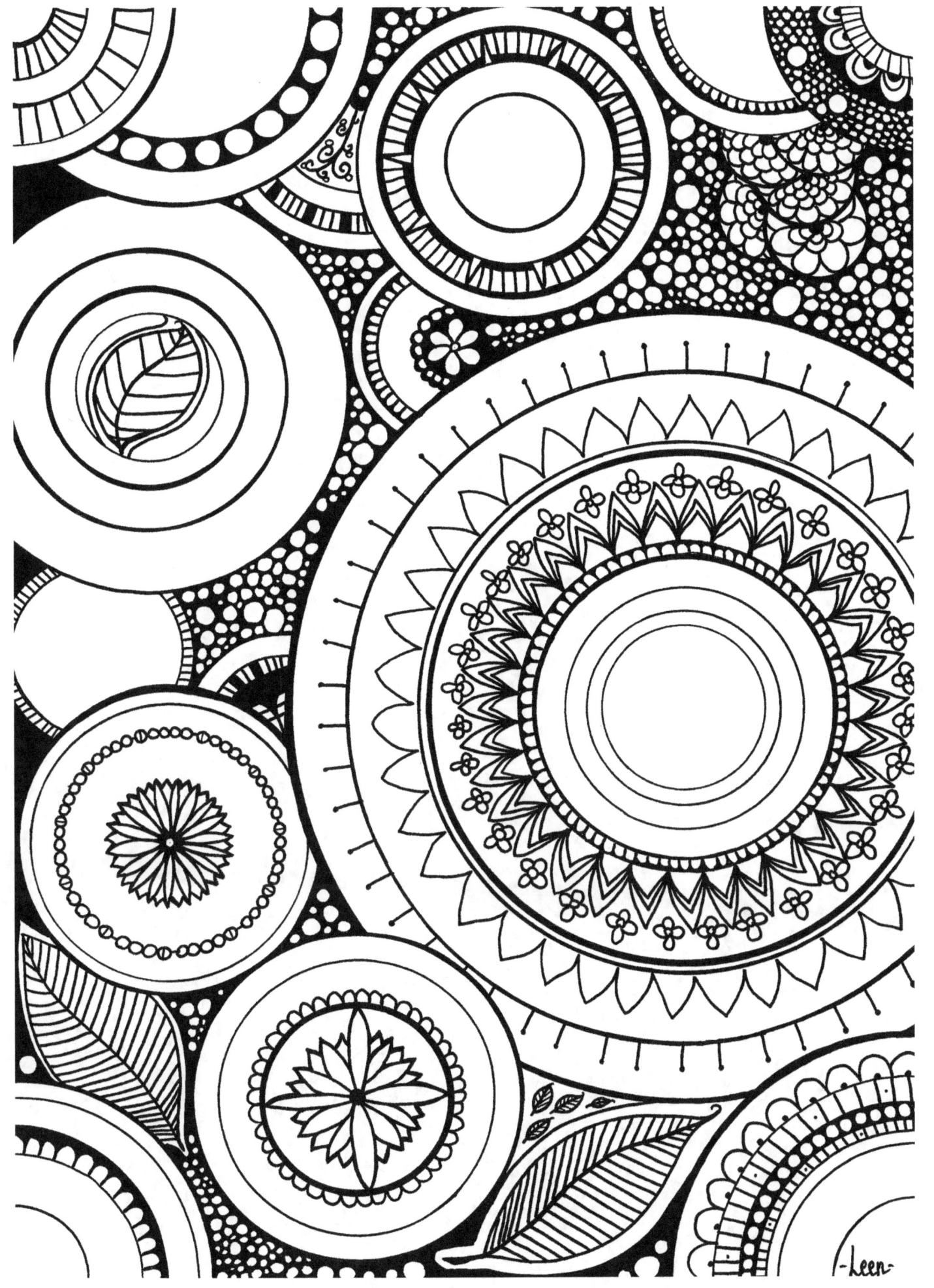

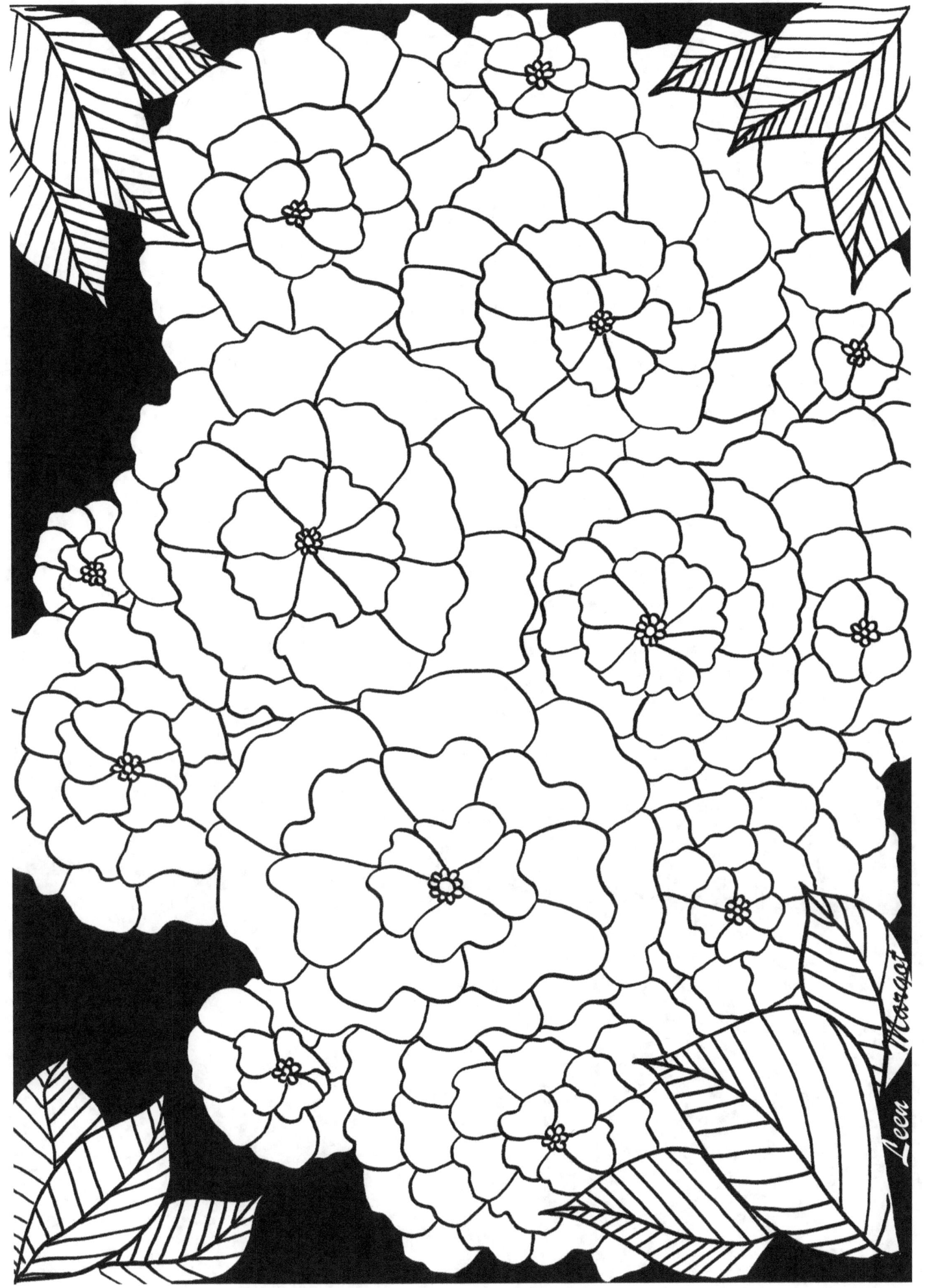

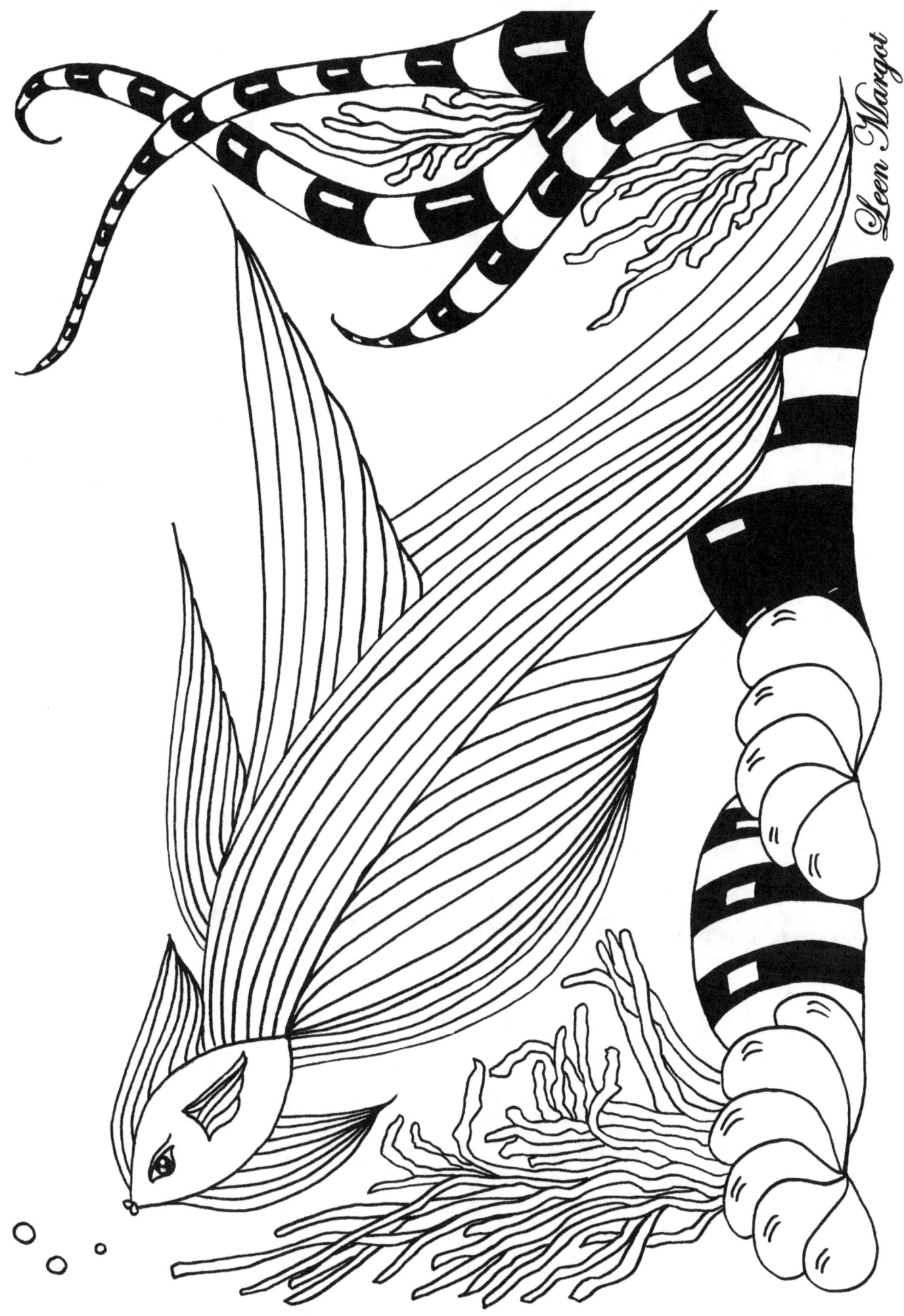

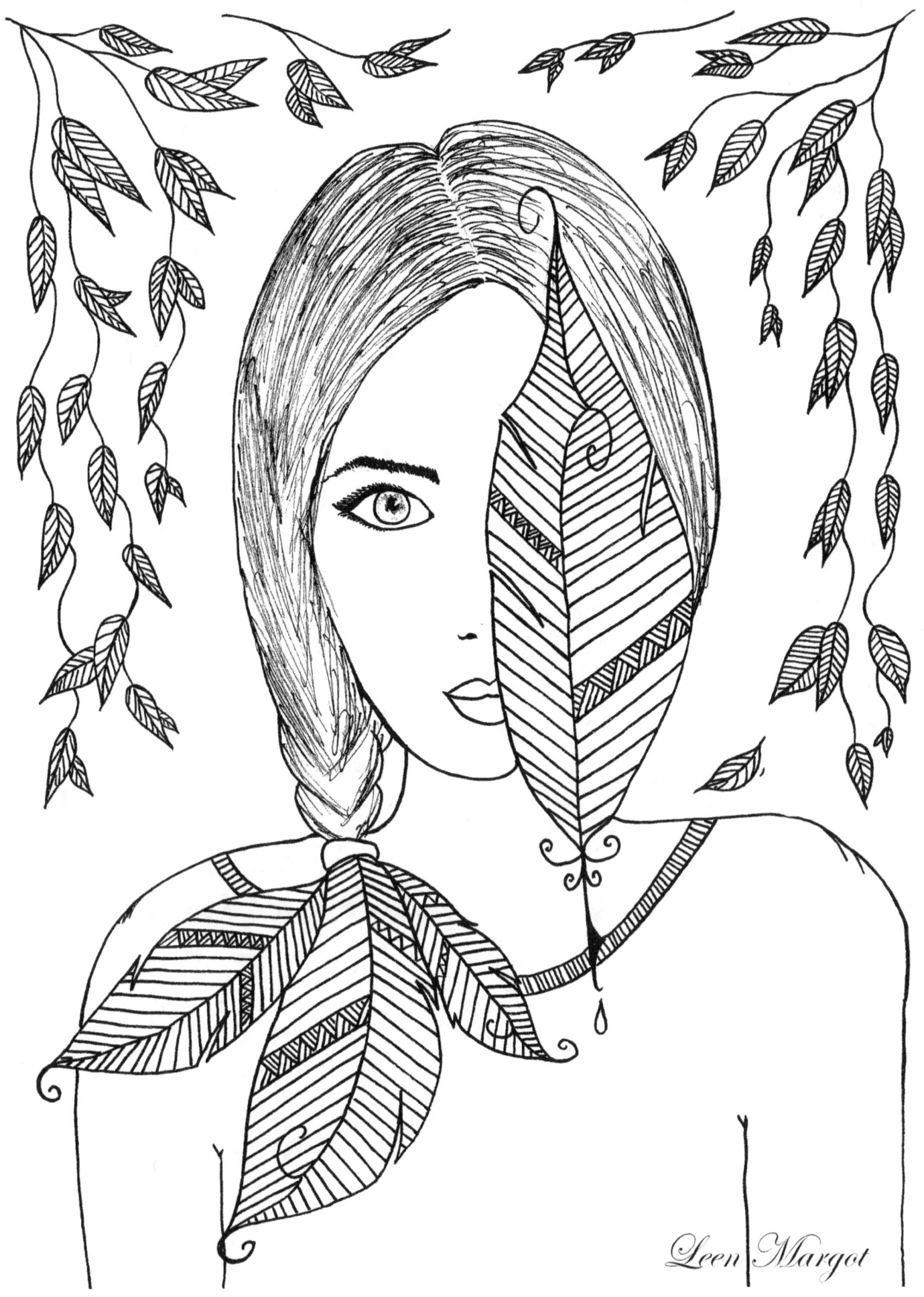

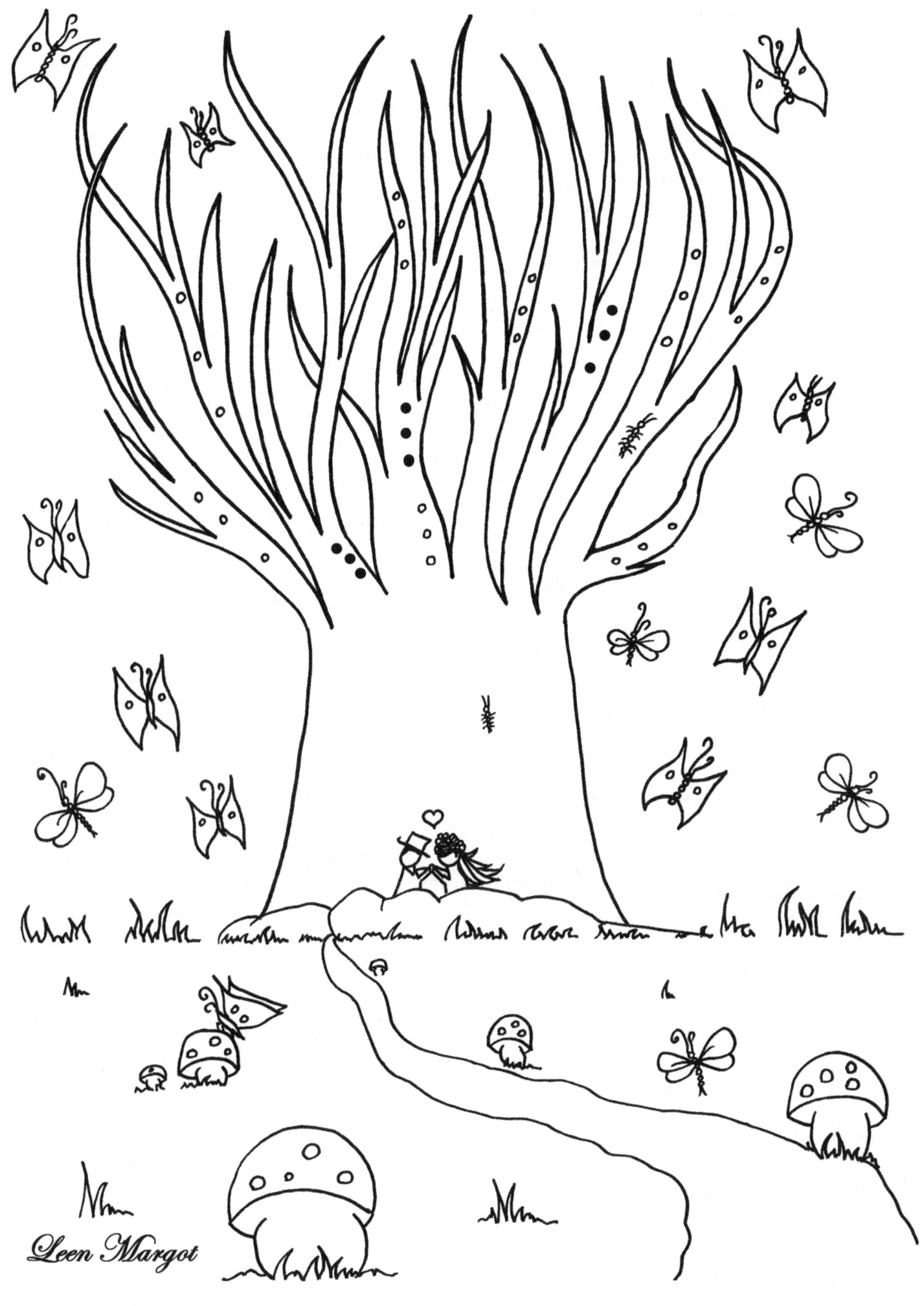

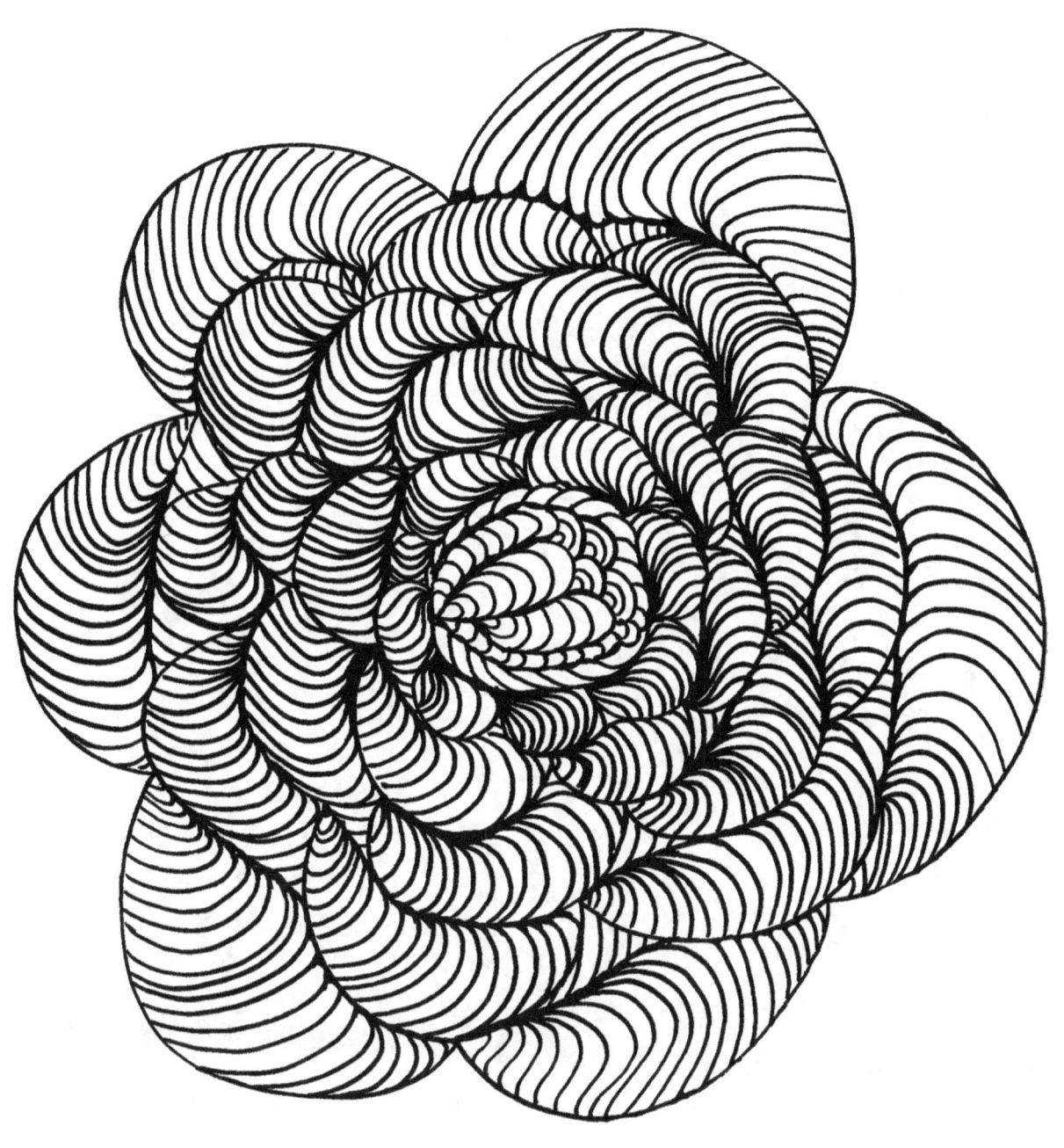

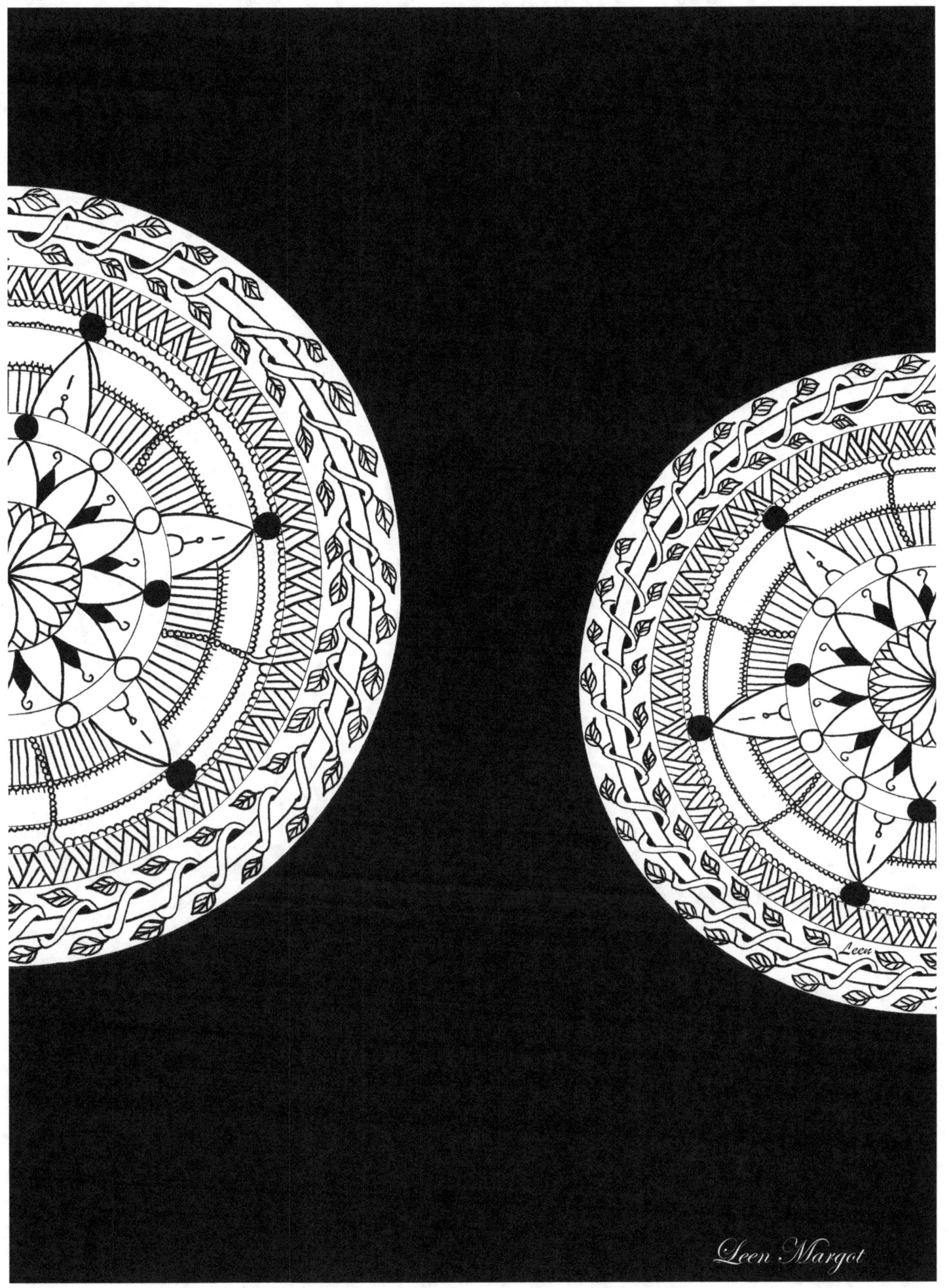

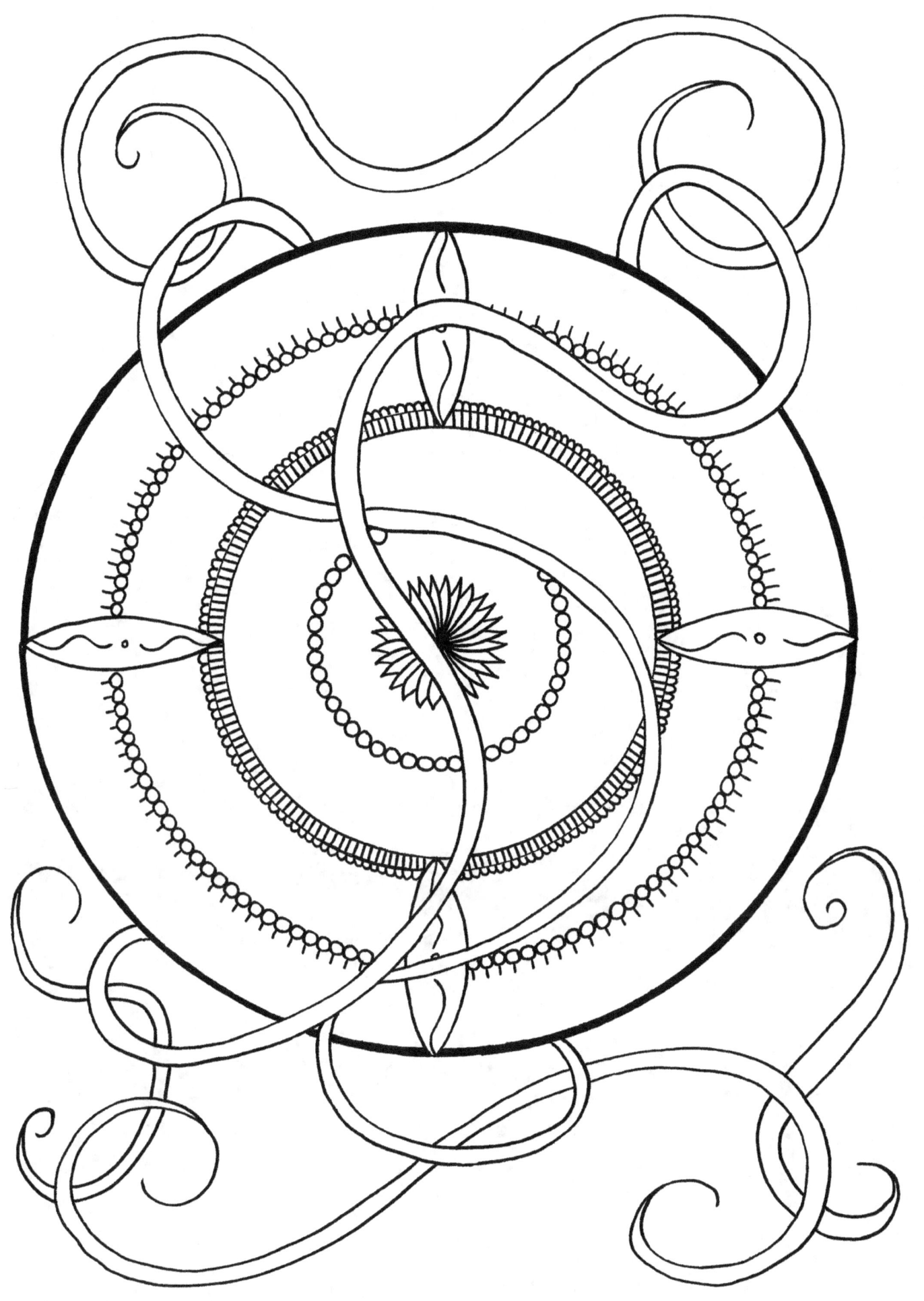

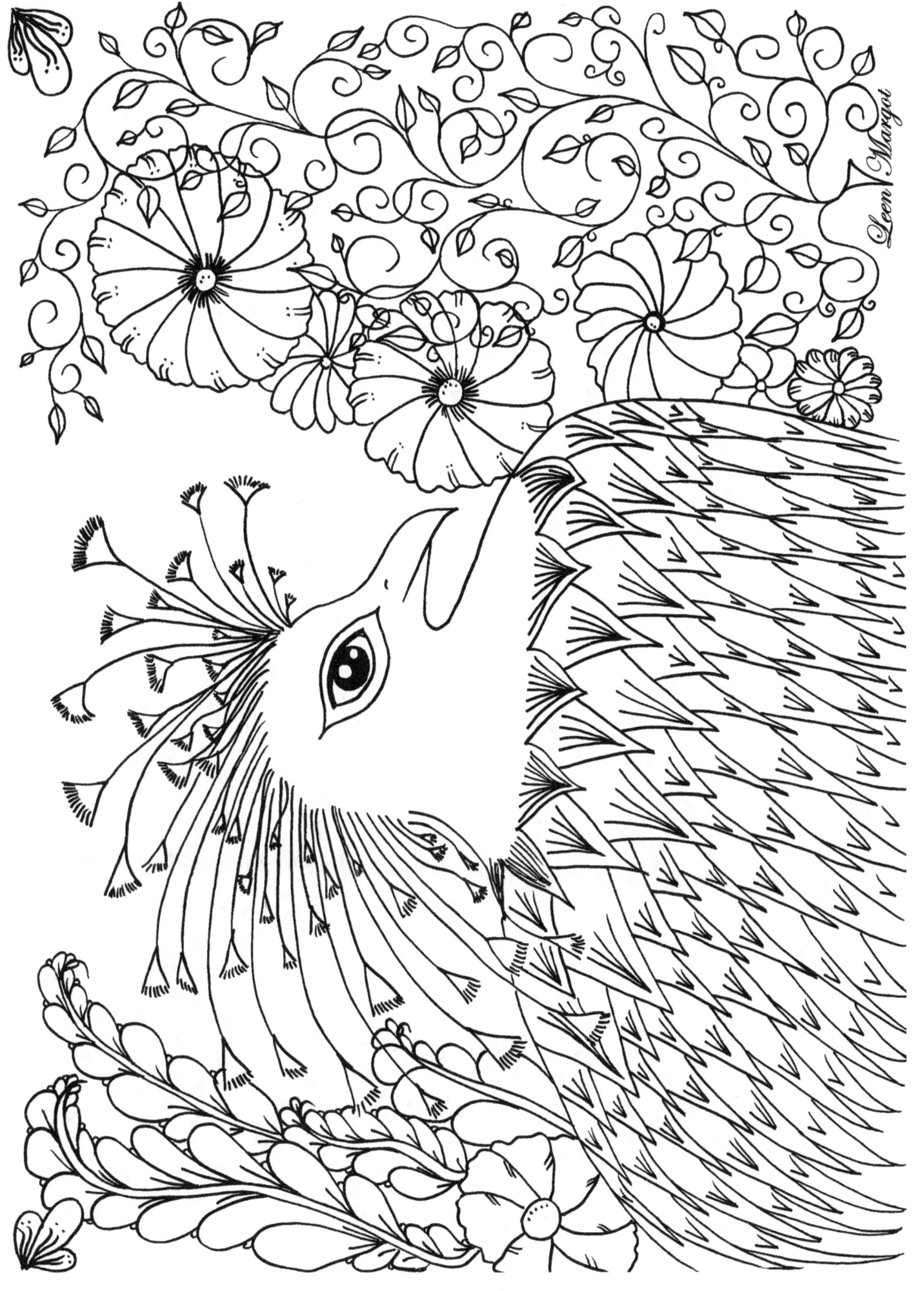

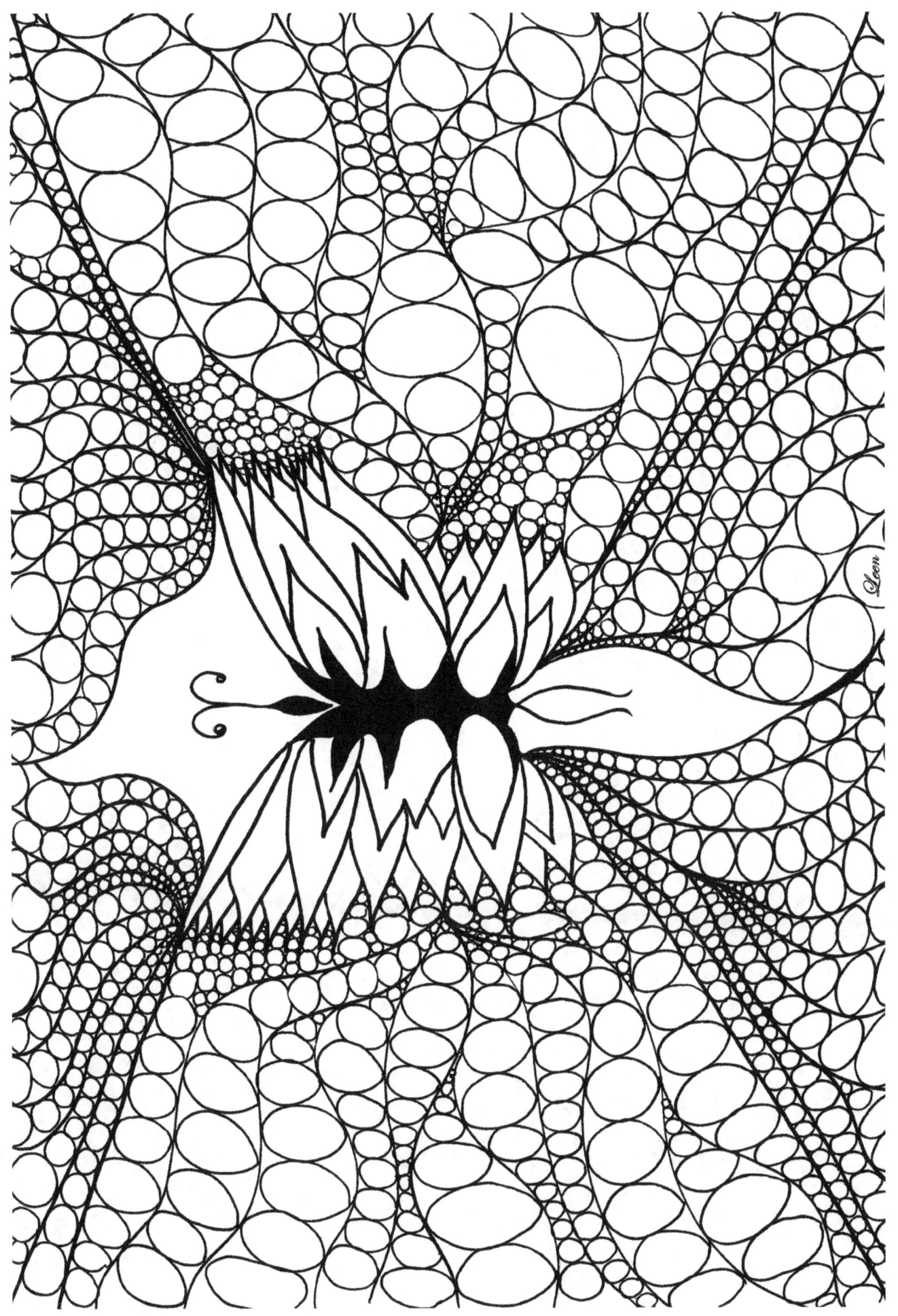

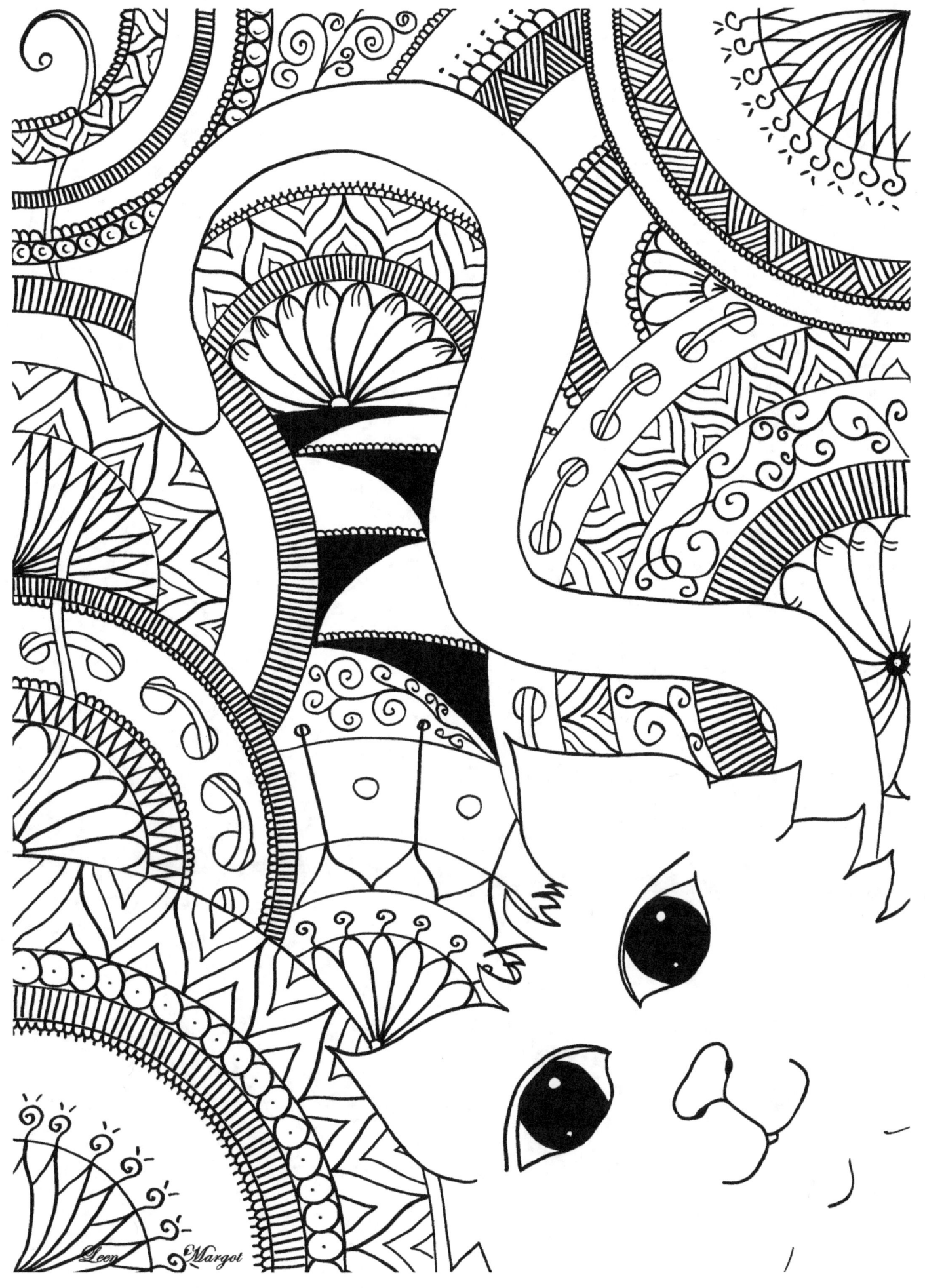

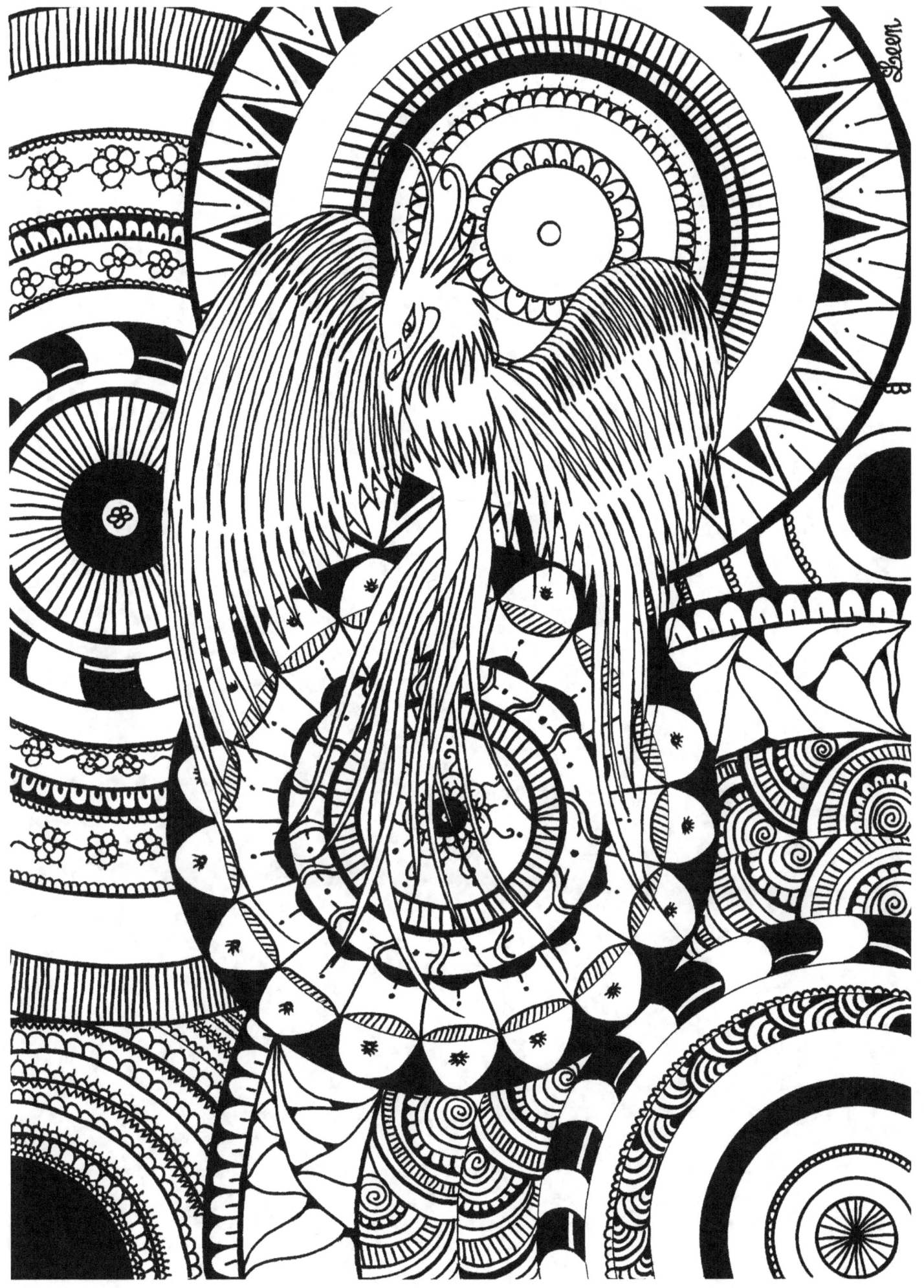

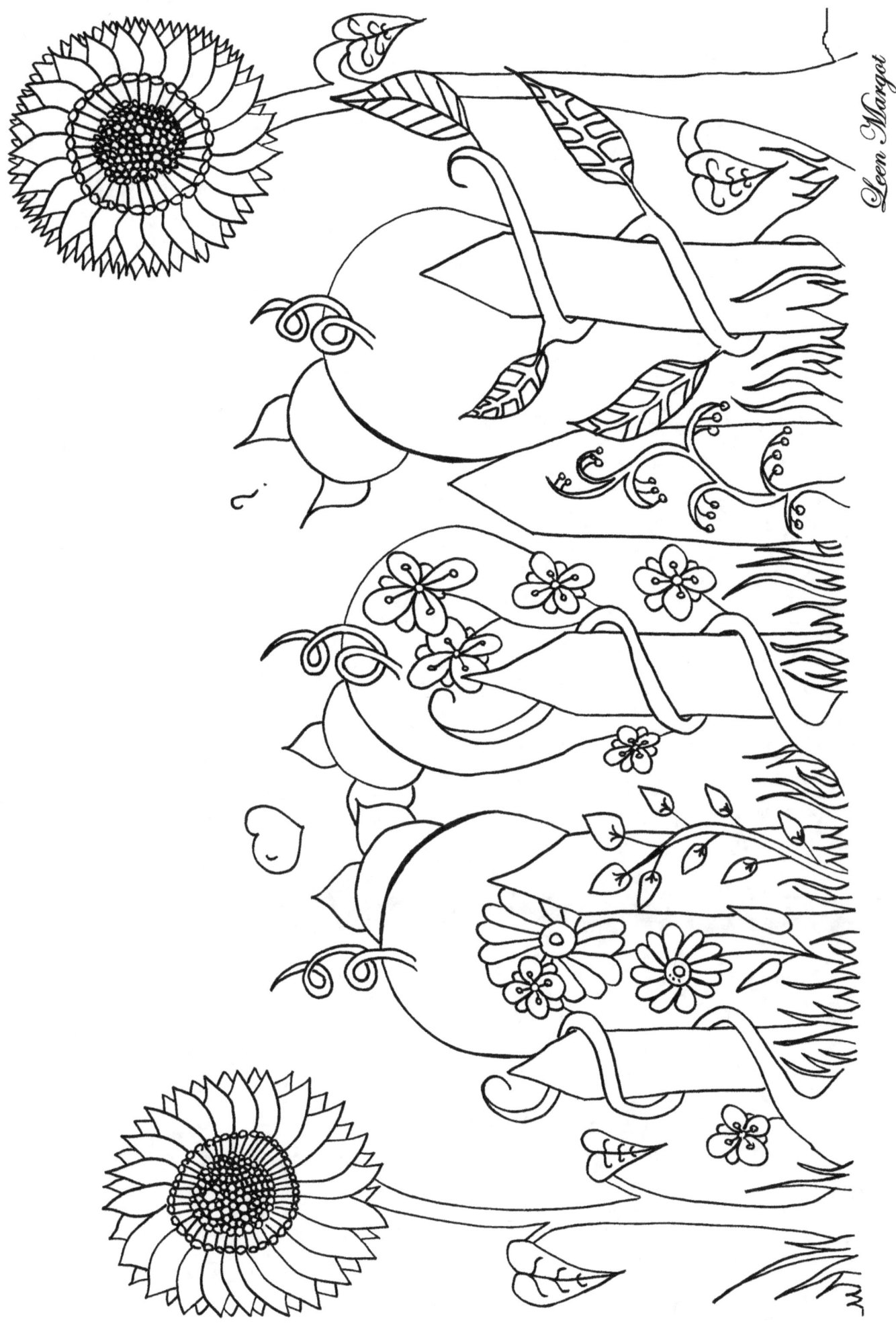

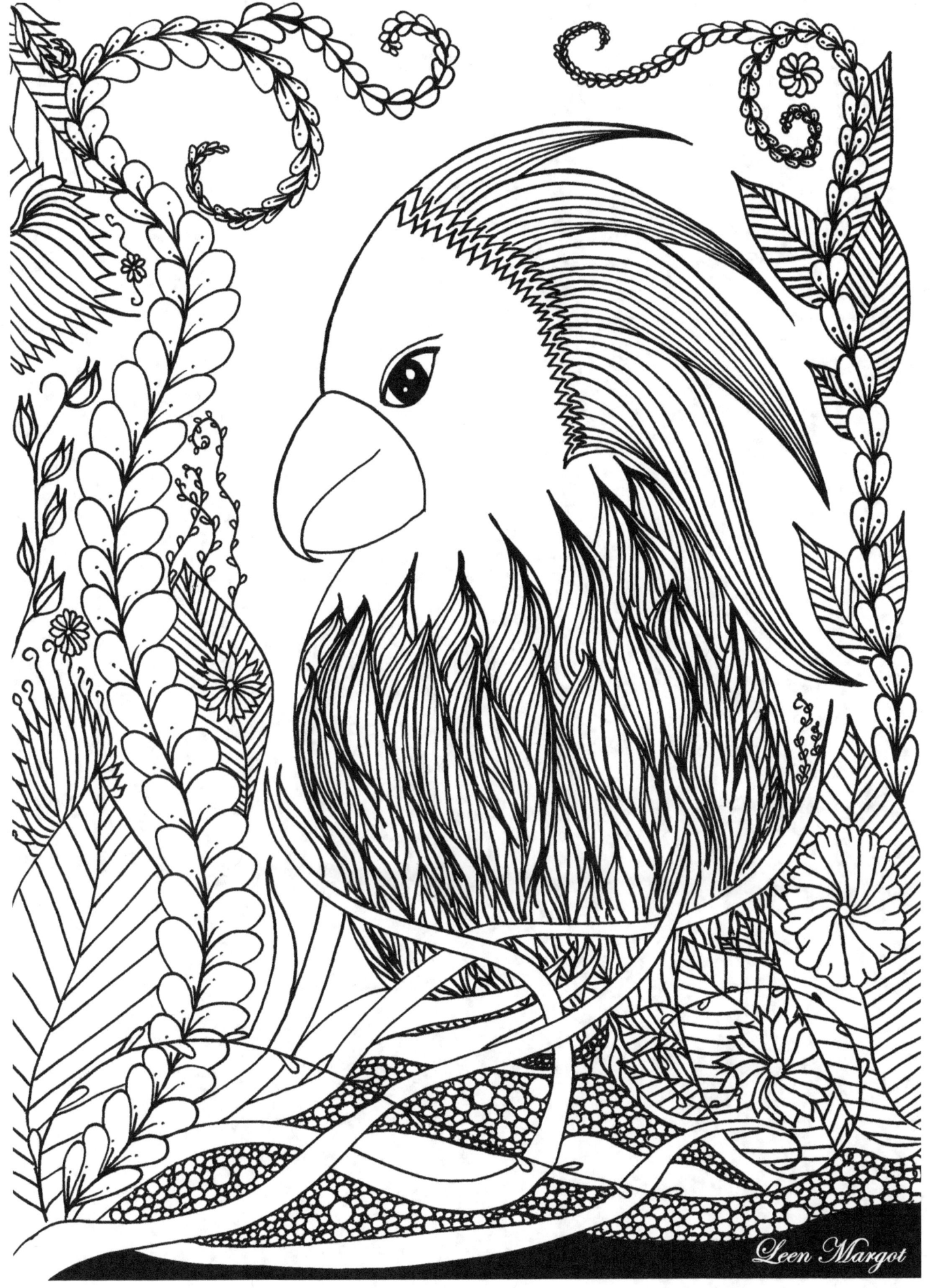

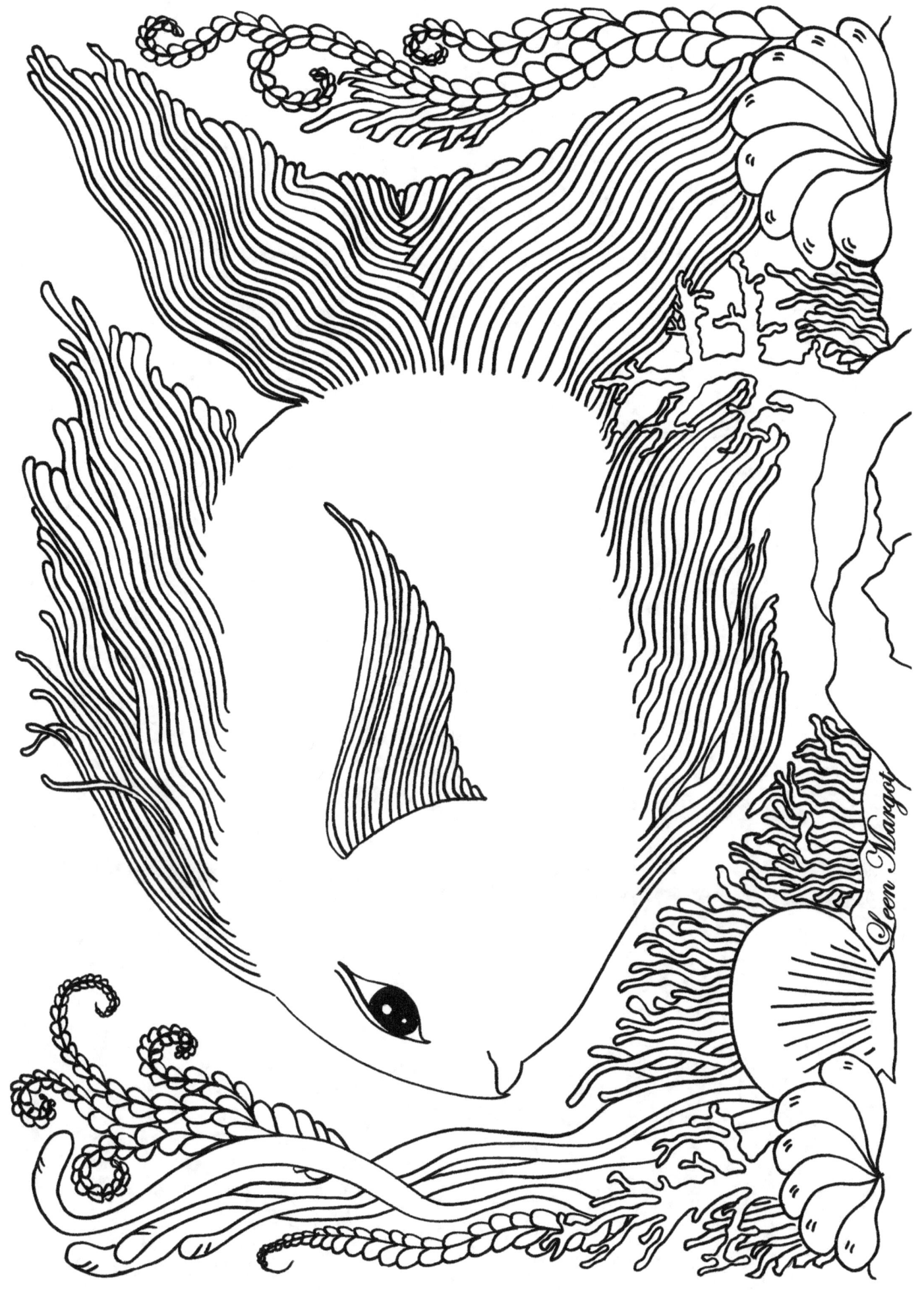

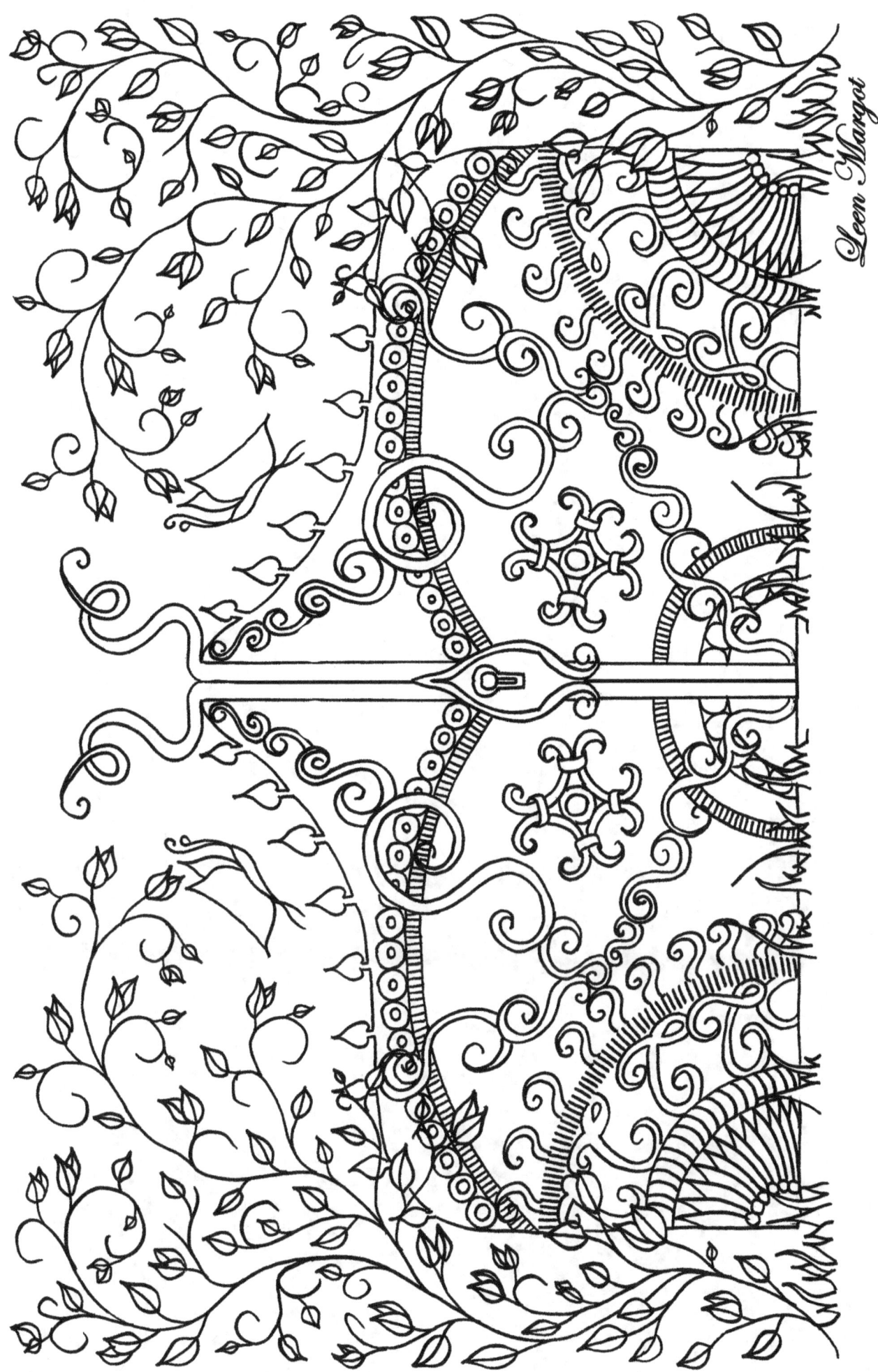

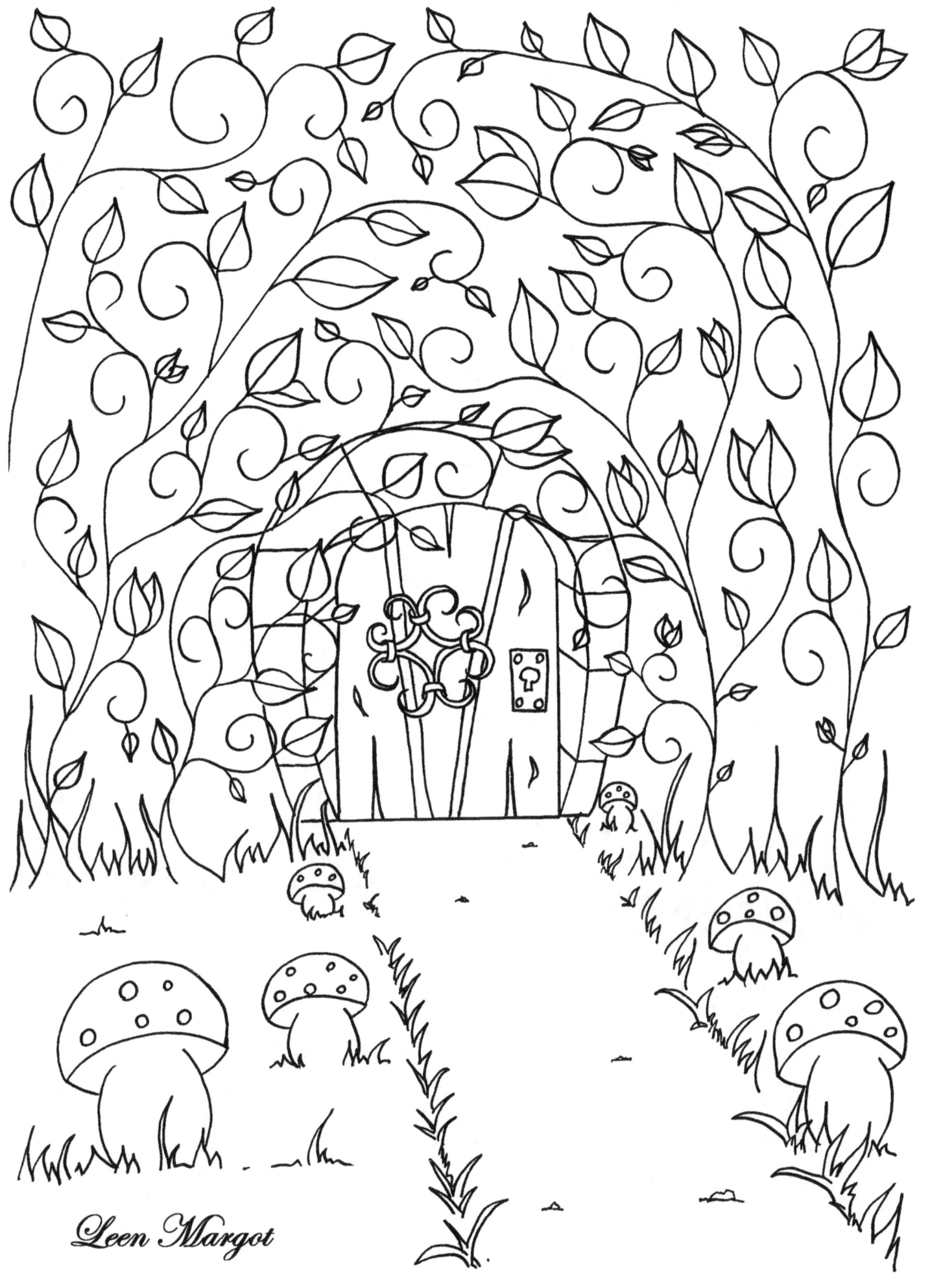

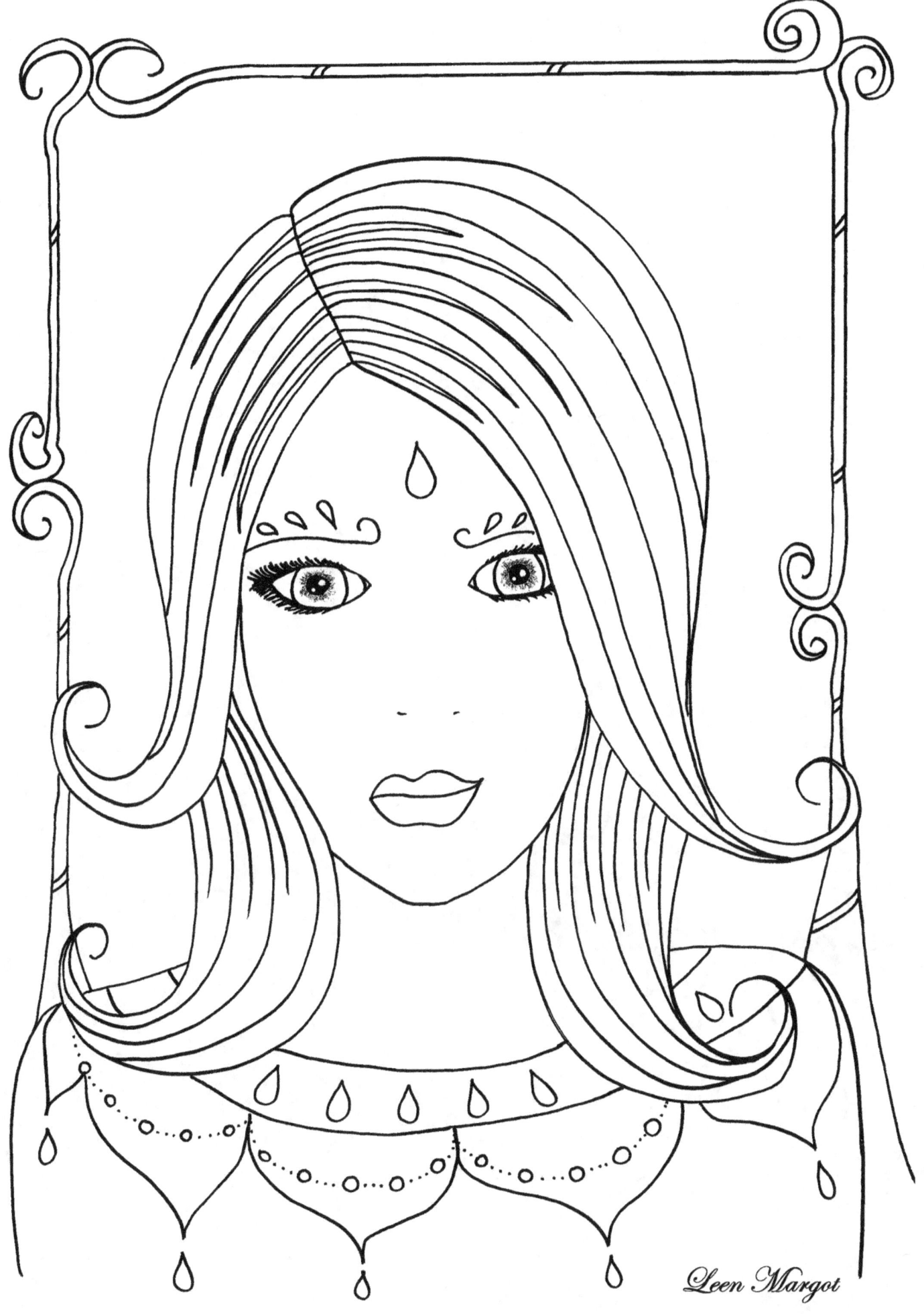

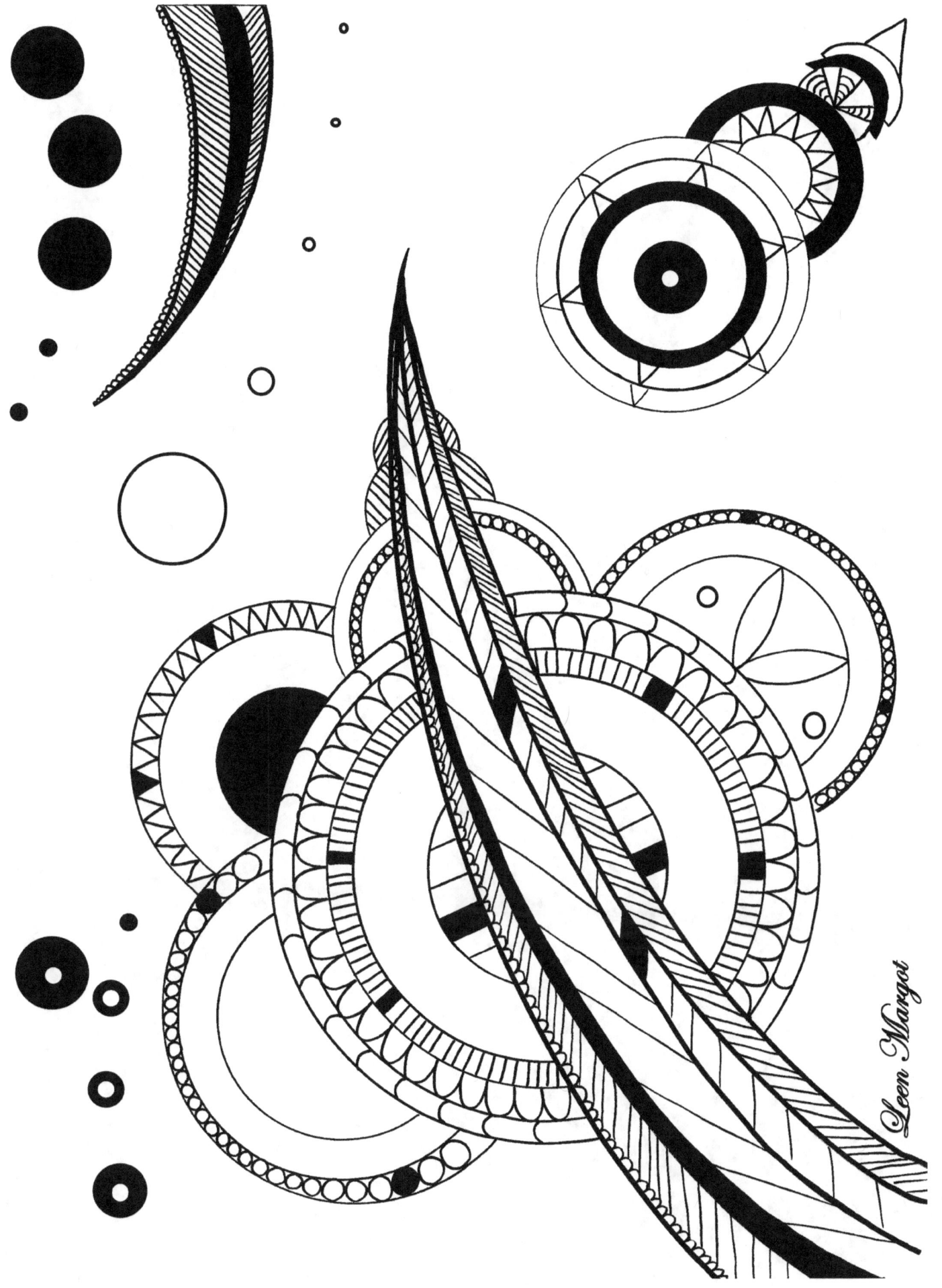

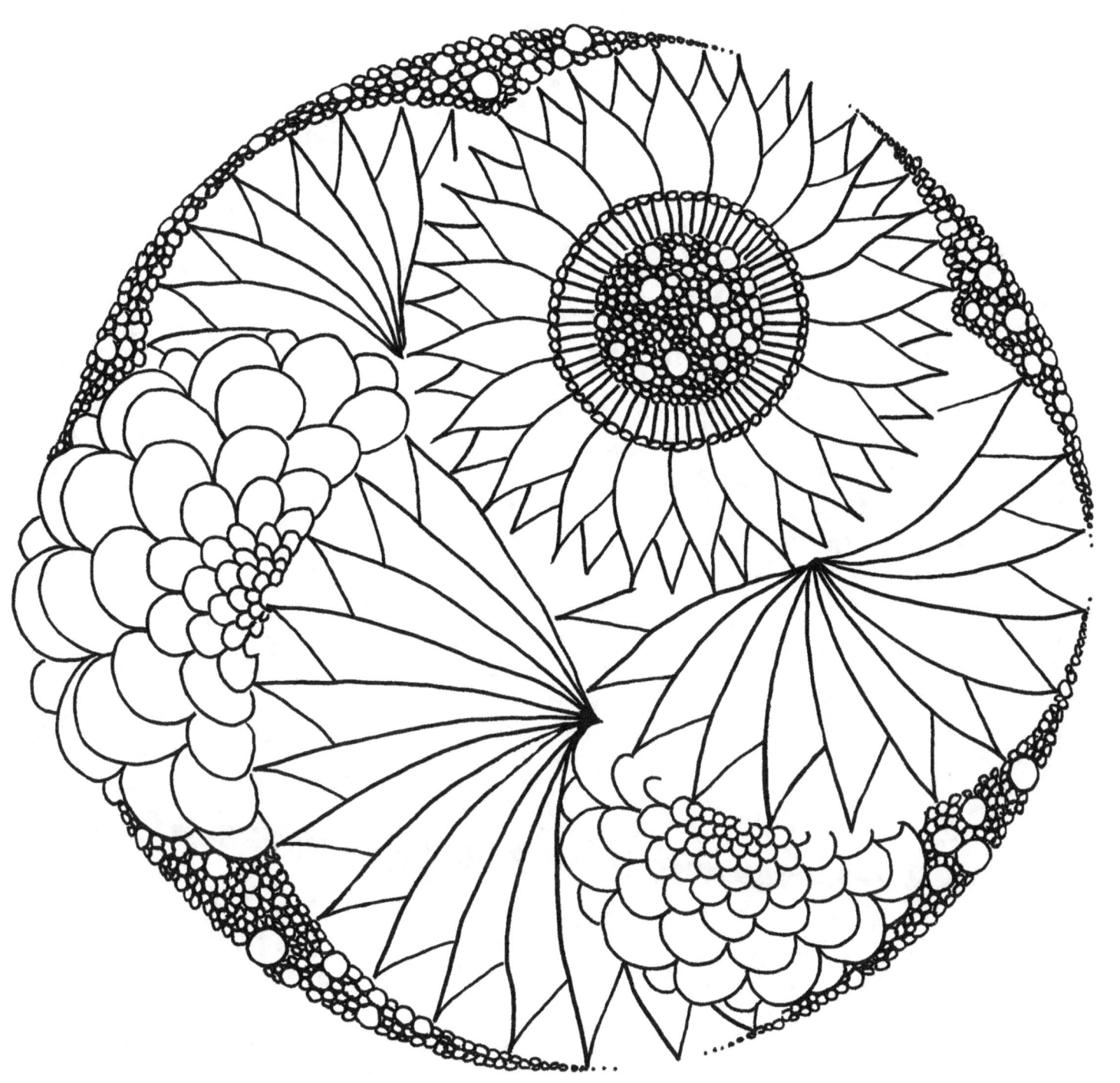

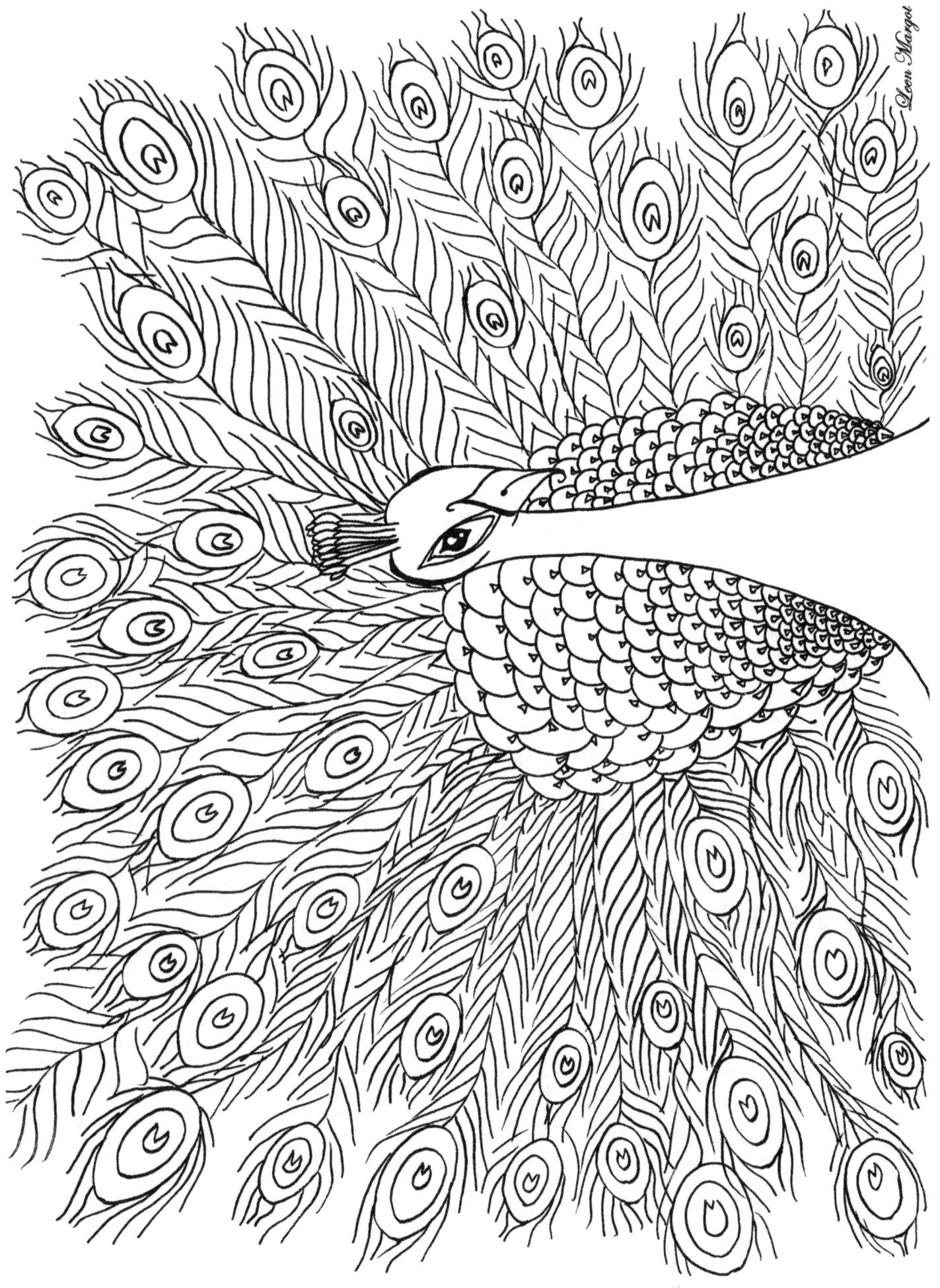

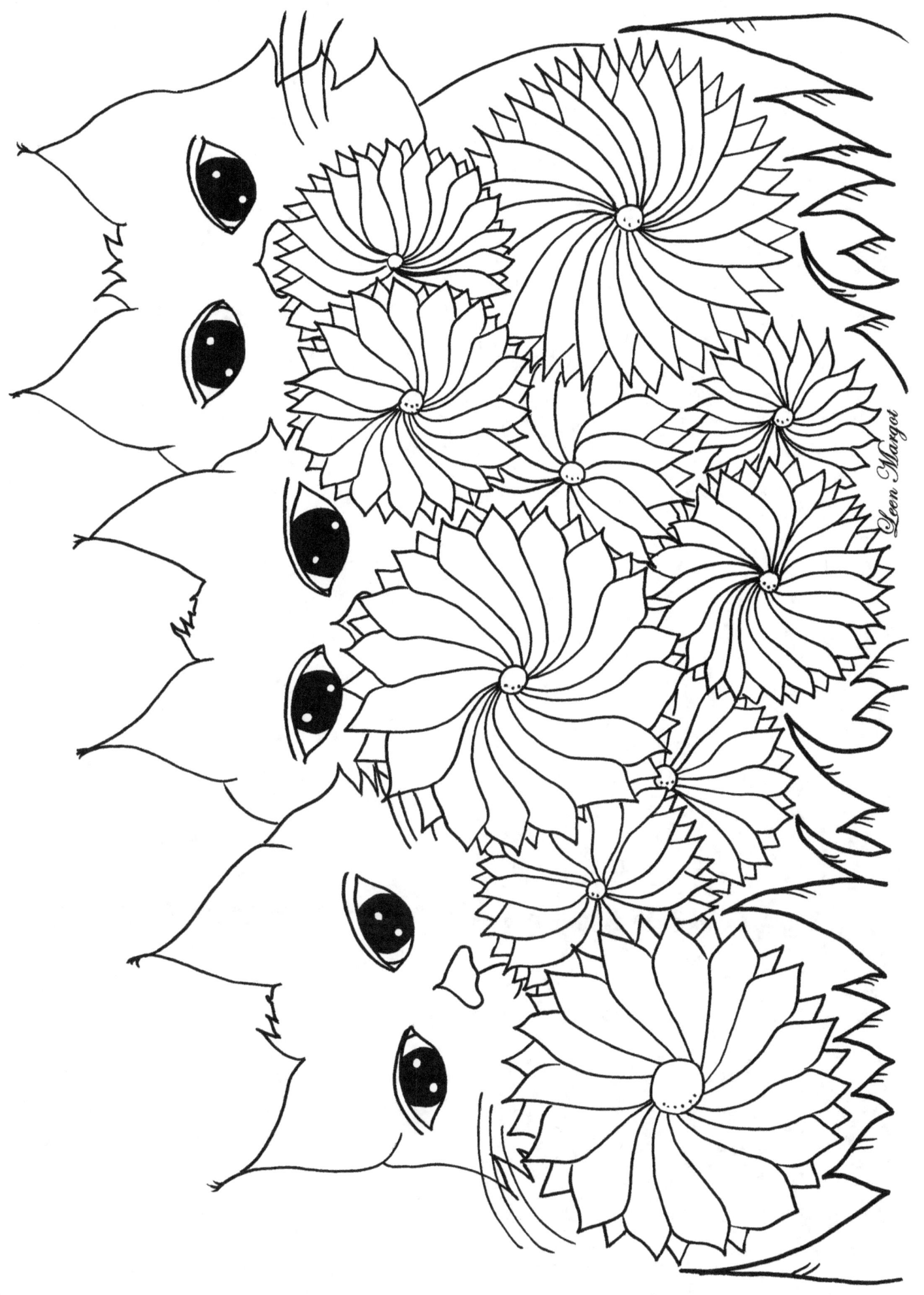

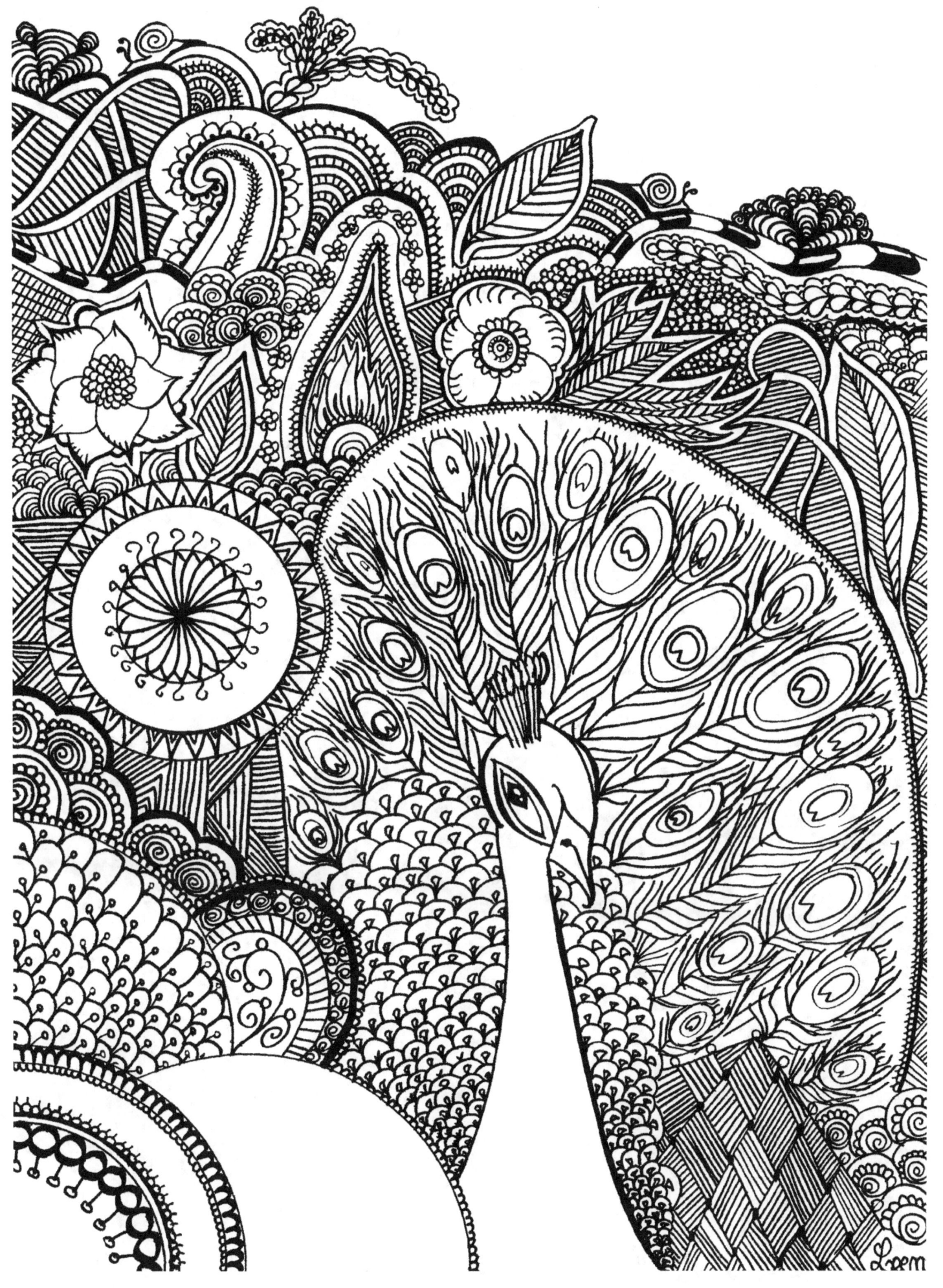

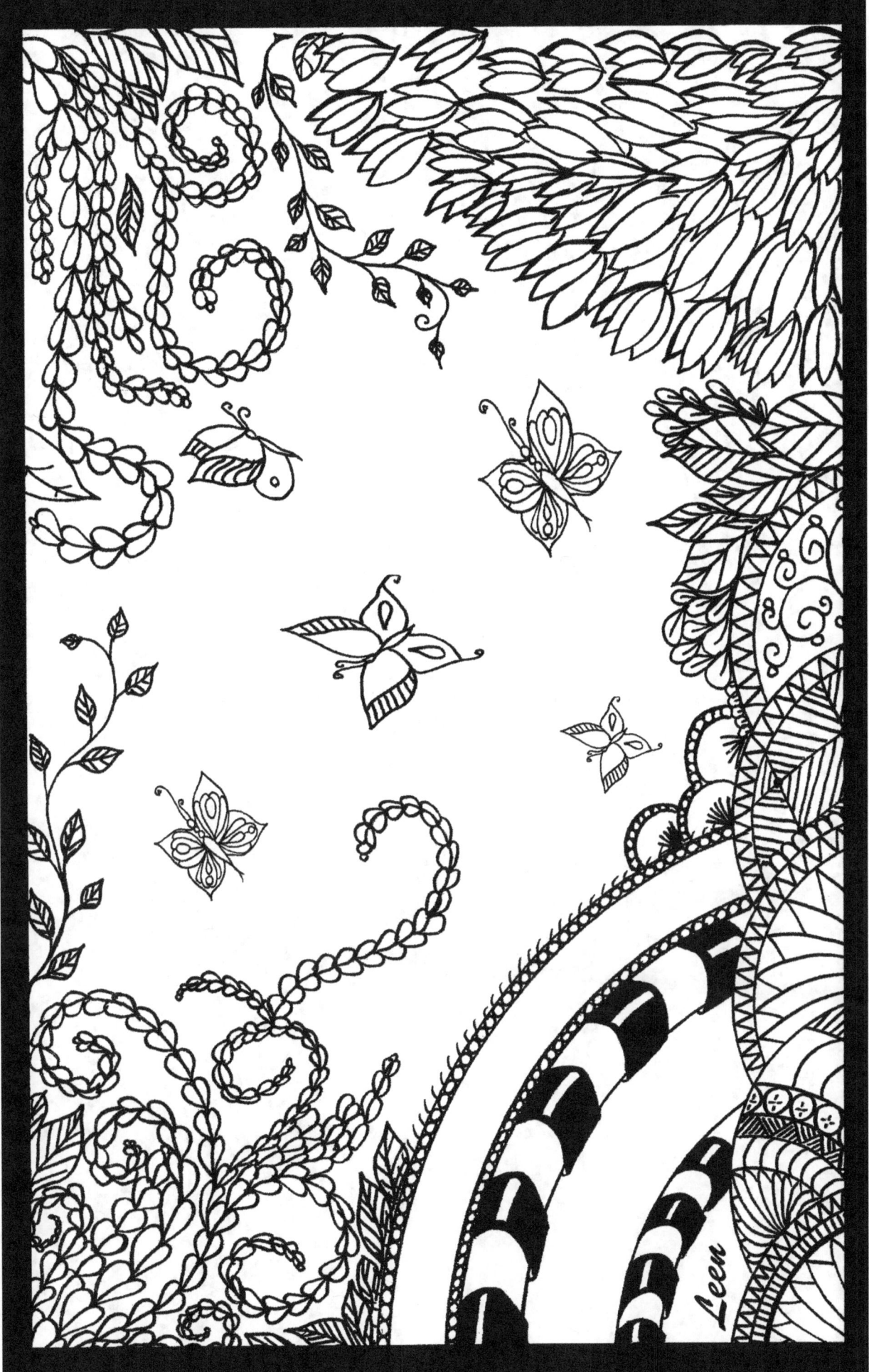

Fish kiss

Leen Margot

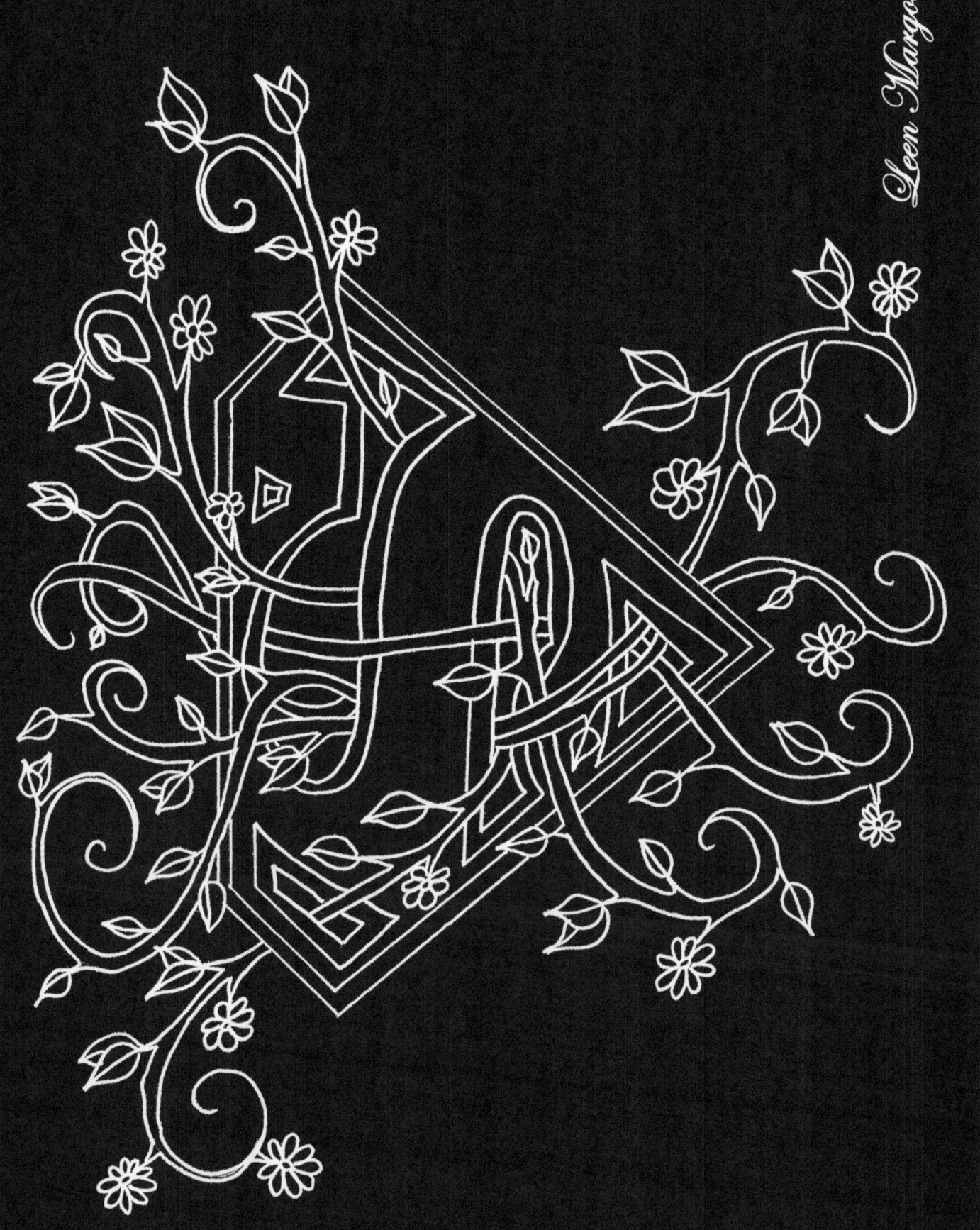

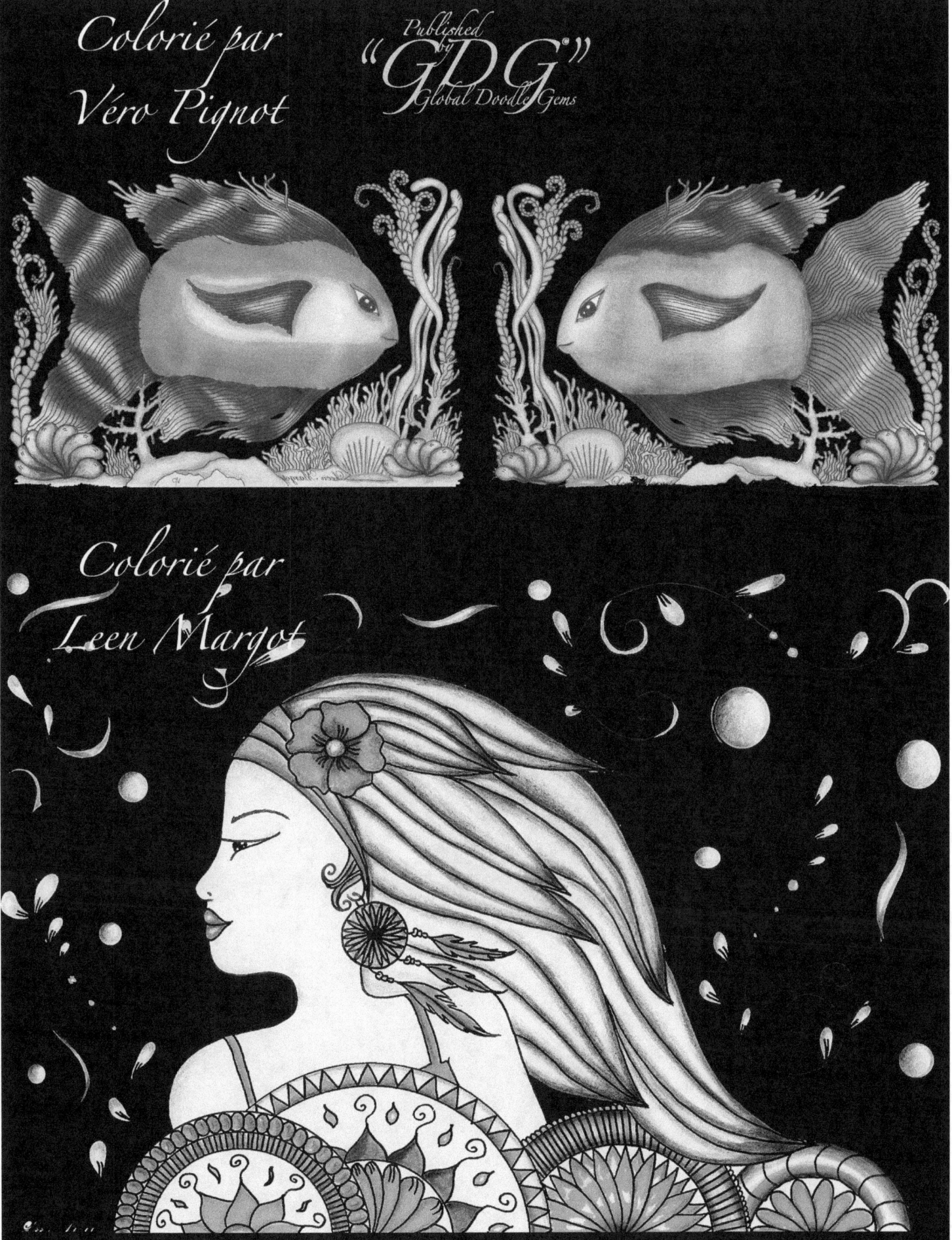

www.ingramcontent.com/pod-product-compliance
Lightning Source LLC
Chambersburg PA
CBHW082215220526
45470CB00010B/3172